Doctrine de l'Humanité.

DE LA

PLOUTOCRATIE,

OU

DU GOUVERNEMENT DES RICHES,

PAR

PIERRE LEROUX.

A BOUSSAC,
IMPRIMERIE DE PIERRE LEROUX.
A PARIS,
LIBRAIRIE DE GUSTAVE SANDRÉ,
Rue Percée-Saint-André-des-Arts, nº 11.

1848.

DE LA PLOUTOCRATIE.

Make money, my son, honestly if you can, but make money. — « Gagne de l'argent, » mon fils, honnêtement si tu peux, mais » gagne de l'argent. »

(Proverbe des *Ploutocrates* américains.)

DE LA

PLOUTOCRATIE,

OU

DU GOUVERNEMENT DES RICHES,

PAR

PIERRE LEROUX.

Nouvelle édition.

A BOUSSAC,

IMPRIMERIE DE PIERRE LEROUX.

1848.

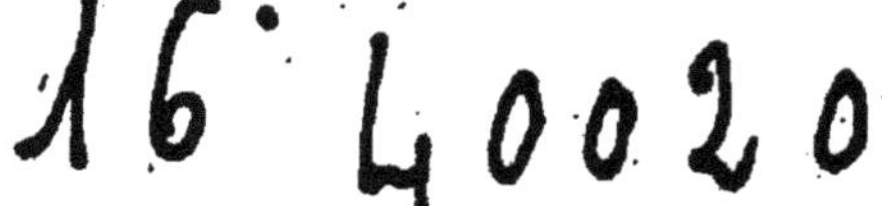

AVANT-PROPOS.

J'ai essayé dans cet ouvrage de faire connaître la constitution économique de la France; j'ai dit quelle est la condition du *salaire* et celle du *revenu net*.

Cet écrit a paru, il y a cinq ans, dans la *Revue Indépendante*. Nous étions sous la Monarchie. J'achève de le réimprimer au moment où l'on proclame la République.

Puisse la République n'être pas une Ploutocratie!

Boussac, le 10 mars 1848.

DE LA

PLOUTOCRATIE*,

OU

DU GOUVERNEMENT DES RICHES.

Make money, my son, honestly if you can, but make money.—«Gagne de
»l'argent, mon fils, honnêtement si
»tu peux, mais gagne de l'argent.»
(Proverbe des *Ploutocrates* américains.)

PREMIÈRE PARTIE.

LE GOUVERNEMENT DE LA FRANCE EST UNE VÉRITABLE PLOUTOCRATIE.

—

CHAPITRE I.

Comment la France est tombée dans l'imitation de la Constitution d'Angleterre.

Nous avons exposé, dans un précédent écrit (1), comment, par l'absence d'une véritable science politique, la France est tombée dans l'imitation de la Constitution d'Angleterre.

---

* De πλουτέω (*plouteo*), être riche, et s'enrichir; πλούσιος, riche; Πλοῦτος, Plutus, le dieu des richesses.

(1) Voyez le *Discours aux Politiques.*

Montesquieu et Rousseau ont été, au dix-huitième siècle, et sont encore aujourd'hui les deux seuls écrivains qui aient présenté sur le gouvernement politique des idées fondamentales ; mais malheureusement ils n'ont pas fait une science.

Montesquieu s'est résumé dans la monarchie aristocratique anglaise. Il a vanté le gouvernement de contre-forces, comme on disait au dix-huitième siècle, ou de pondération, comme on dit aujourd'hui, dans lequel trois principes, la monarchie, l'aristocratie, et la démocratie, luttent ensemble, et se servent mutuellement de résistance. Sa raison, faussée par les idées nobiliaires et monarchiques de son temps, n'a pas été choquée de qu'il y a d'absurde dans cette organisation d'une sorte de guerre incessante entre trois puissances divergentes, telles que la monarchie, l'aristocratie, et la démocratie. Il s'est posé lui-même l'objection qui se présente naturellement à l'esprit quand on considère un pareil antagonisme ; il se l'est posée dans la mesure du fait, il est vrai, non du droit : mais il a cru y répondre victorieusement par la nécessité des choses. « Il semble, dit-il, que » ces trois puissances, s'enchaînant l'une l'au- » tre, devraient former un repos ou une inac- » tion. Mais comme, par le mouvement néces- » saire des choses, elles sont contraintes d'aller, » elles seront forcées d'aller de concert (1). »

(1) *Esprit des Lois*, liv. XI, chap. IV, *De la Constitution d'Angleterre.*

Rousseau est venu protester contre ce gouvernement pondéré, contre cette lutte incessante de principes hétérogènes, et lui a opposé l'unité comme principe essentiel d'un gouvernement. Il a nié la monarchie et l'aristocratie, pour ne reconnaître de légitime que la démocratie. Il a substitué dans la théorie le droit au fait ; et ce droit est la Souveraineté du peuple, fondée elle-même sur l'égalité des citoyens. Mais Rousseau n'a pas donné le moyen d'organiser cette Souveraineté du peuple. Croire, en effet, que du suffrage universel et d'une assemblée sortie de ce suffrage, il puisse résulter *ipso facto* un véritable gouvernement, est une erreur, que Rousseau a lui-même signalée. Rousseau n'a posé qu'un principe, et n'a écrit que les prolégomènes d'une véritable législation.

Les destins de la France, après la chute de l'ancienne monarchie et de la féodalité liée à cette monarchie, ont donc flotté au hasard, par l'impuissance où l'on était d'organiser le principe de la Souveraineté Populaire, qui avait pourtant triomphé.

L'intervalle entre l'*Esprit des Lois* ou le *Contrat-Social* et l'époque où nous vivons a été rempli par des tâtonnements. Les disciples de Montesquieu et les disciples de Rousseau, après avoir vaincu les partisans de l'ancienne monarchie féodale, se sont combattus entre eux, sans produire une idée nouvelle qui pût donner à la France une Constitution.

L'impuissance organisatrice de l'Assemblée Constituante a frayé la voie à la Convention. L'impuissance organisatrice de la Convention a frayé la voie au despotisme de Napoléon. Le despotisme de Napoléon a frayé la voie à Louis XVIII, qui nous a donné l'imitation de la Constitution Anglaise qui nous gouverne encore.

Nous sommes donc aujourd'hui encore, toujours faute d'une vraie science politique, tributaires des Anglais pour la plus importante des inventions humaines, un gouvernement.

Tous les maux actuels de la France peuvent se résumer dans ce mauvais gouvernement qui nous est venu d'Angleterre. Les hommes s'agitent; mais la Constitution Anglaise est plus forte qu'eux.

Timeo Danaos et dona ferentes. Je comparerais volontiers la machine anglaise que nous avons adoptée au cheval de bois que les Grecs, fatigués de combattre, introduisirent dans les murs d'Ilion.

CHAPITRE II.

Ce que c'est au fond que la Constitution d'Angleterre.

En pénétrant dans le secret de cette machine, nous avons vu (1) que cette Constitution d'Angleterre, résultat de la Féodalité,

(1) Dans l'écrit déjà rappelé.

n'est autre chose que la continuation de cette Féodalité sous la forme parlementaire. De Lolme et Montesquieu nous ont formulé clairement le principe de cette Constitution.

C'est un genre de gouvernement fondé sur le privilége, sur l'inégalité, et dont l'artifice consiste à donner aux privilégiés une part dans la législation proportionnée aux autres avantages qu'ils ont dans l'Etat.

Il est impossible d'entrer plus avant dans cette forme de gouvernement que ne le fait Montesquieu, quand il dit : « Il y a toujours » dans un Etat des gens distingués par la » naissance, les richesses, ou les honneurs... » *La part qu'ils ont à la législation doit donc* » *être proportionnée aux autres avantages* » *qu'ils ont dans l'Etat*... Ainsi la puissance » législative sera confiée et au corps des Nobles » et au corps qui sera choisi pour représenter » le Peuple, qui auront chacun leurs assem- » blées et leurs délibérations à part, et des » vues et des intérêts séparés. »

Il est impossible aussi d'entrer plus avant dans le principe moral, ou plutôt immoral, qui soutient cette forme de gouvernement, que ne le fait De Lolme, quand il dit : « C'est » sur l'égoïsme que la Constitution d'Angle- » terre a fondé le jeu de ses diverses par- » ties. »

CHAPITRE III.

But de cet écrit.

Mais ce n'est pas de l'Angleterre qu'il s'agit, c'est de la France.

Nous voulons aujourd'hui montrer combien l'imitation faite en France de la Constitution d'Angleterre a été défectueuse, et ce qui en est résulté.

Car nous n'avons plus même aujourd'hui en France ce mécanisme de pondération ou de contrepoids, à l'abri duquel fleurissent les libertés anglaises (1). Mais ce qui nous reste bien, c'est le principe de cette Constitution, l'égoïsme, le privilége, l'aristocratie. A l'essence vicieuse du modèle est venu s'ajouter tout le mal qui sort d'une fausse imitation. Les avantages qui peuvent résulter d'un tel mécanisme nous échappent ; mais les inconvénients nous sont demeurés.

---

(1) On s'occupe beaucoup en ce moment de ce qu'est devenu le jury en France ; on le cherche, on ne le trouve plus. Les Anglais ont le jury, les garanties de l'*habeas corpus*, la liberté des *meeting*, la liberté la plus absolue non seulement de la presse, mais de l'imprimerie, et une multitude de droits, dont rien en France ne peut donner l'idée. La pondération des pouvoirs n'ayant pu s'établir en France, ces *libertés individuelles* n'ont pas pu davantage s'y établir ; car elles résultent de cette pondération, en même temps qu'elles en sont le soutien.

CHAPITRE IV.

Qu'il aurait fallu faire en France pour imiter véritablement le mécanisme de la Constitution d'Angleterre.

Si les importateurs de la Constitution Anglaise en France n'avaient pas eu pour but secret ou patent de restaurer la Féodalité, il faudrait les déclarer les plus stupides des hommes.

Avant 1789, quand il y avait en France une Noblesse, on conçoit que la Constitution Anglaise pût s'établir en France sous la forme qu'elle a en Angleterre.

Mais en 1814!... Et plus tard en 1830!... *O imitatores servum pecus!*

Puisque vous vouliez appliquer cette Constitution à la France, il fallait l'appliquer suivant les conditions particulières à la France.

Il n'y a plus de Noblesse en France, plus de Féodalité; mais il y a une Bourgeoisie.

Il fallait donc substituer cette Bourgeoisie à la Noblesse, et en faire la Chambre Haute.

Et il fallait faire des Travailleurs, des Prolétaires, la Chambre Basse.

Vous auriez eu ainsi une imitation au moins raisonnable de la Constitution d'Angleterre.

Vous auriez eu deux assemblées ayant, comme dit Montesquieu, *leurs délibérations à part, et des vues et des intérêts séparés.*

La lutte des intérêts, ce principe de la Constitution Anglaise, se serait établie entre la Bourgeoisie et les Prolétaires, les deux seuls éléments qui pouvaient remplacer en France les deux éléments de la Constitution Anglaise, les Nobles et la Bourgeoisie. Alors le pouvoir royal, entrant dans la lutte, en serait devenu l'arbitre; de même que chacune des deux autres puissances, la Chambre de la Bourgeoisie et celle du Prolétariat, aurait servi d'arbitre entre sa rivale et la Royauté. Le jeu de la Constitution Anglaise, ce jeu d'antagonisme qu'admirent si fort et Montesquieu, et De Lolme, et tous les politiques anglomanes, aurait existé dans les conditions inhérentes à la France. On aurait ainsi transplanté sur le continent l'antagonisme constitutionnel; le gouvernement des contre-forces, le mécanisme des contrepoids, et tout ce système de discorde organisée et pondérée qui s'appelle la Constitution d'Angleterre.

Mais rien de plus insensé que l'application qui en a été faite à la France.

CHAPITRE V.

L'Angleterre et la France.

Certes, c'est se faire une pauvre idée de la législation que de la regarder, dans son essence et dans son but, comme une pure *représentation.* Le système représentatif *sans idéal* est une monstruosité. Mais enfin c'est cette monstruosité qu'on a prétendu emprunter à l'Angleterre. L'a-t-on empruntée en effet?

Puisqu'on voulait du représentatif sans idéal, puisqu'on voulait *représenter* ce qui est, il fallait représenter ce qui est, tout ce qui est, et non ce qui n'est pas.

En Angleterre six cents familles nobles possèdent la plus grande partie du territoire des trois royaumes. Voilà une puissance! On comprend la Chambre des Nobles, la Chambre des Lords, la Chambre Haute.

Mais tandis qu'en Angleterre, depuis la conquête des Normands, la propriété foncière est restée ainsi concentrée dans la Noblesse, une Bourgeoisie commerçante a réalisé jusqu'à un certain point cette prédiction ou cet aphorisme de Bacon : « L'empire de la mer est une » monarchie universelle que la nature semble » avoir donnée en dot à la Grande-Breta- » gne (1). » Cette Bourgeoisie s'est emparée, comme le présageait Bacon, des « trésors des » deux Indes, » et elle a fait du reste du monde, par ses vaisseaux et par ses machines, ce que Bacon appelle « un accessoire de son » empire maritime. » Conquérante par le commerce et l'industrie, après avoir été conquise

(1) « Maris dominium monarchiæ quædam epitome est... » Potentia navalis (quæ quidem huic regno Britanniæ in » dotem cessit) summi ad rerum fastigia momenti est... » Utriusque Indiæ thesauri et opes, imperio maris, veluti » accessorium quiddam existunt. » (*De Augm. Scient.*, lib. VIII, cap. 3).

par les armes de la Noblesse, cette Bourgeoisie est une noblesse à son tour pour les serfs industriels qu'elle employe. Aujourd'hui les statisticiens anglais supposent qu'un million d'hommes en Angleterre possèdent au minimum deux cents livres sterling de revenu (1). Ce qui est certain, c'est que cette Bourgeoisie gouverne par son capital, ses vaisseaux et ses machines, douze millions de prolétaires anglais, sans compter l'Écosse et l'Irlande, sans compter cent vingt-cinq millions de sujets qu'elle s'est faits en Amérique, en Asie, en Afrique, dans l'Océanie, sans compter enfin tous les peuples qu'elle exploite. Voilà, certes, encore une puissance; voilà une Bourgeoisie qui, à la propriété foncière représentée par la Noblesse, peut opposer l'énorme propriété industrielle et commerciale qu'elle a accaparée. On comprend donc en Angleterre une seconde Chambre, la Chambre du Commerce.

Ajoutez la Royauté, qui est censée représenter l'unité compacte de la nation, étant à la fois à la tête des conquérants, des nobles, des propriétaires fonciers, à la tête du peuple tout entier, des anciens vaincus, devenus commerçants et industriels, et des serfs qu'on appelle ouvriers. Que cette Royauté porte sa couronne et son sceptre ; que la Pairie porte ses armes, et que l'Orateur (2) du commerce et de l'in-

---

(1) C'est du moins ce que M. Grote, membre du parlement, affirme dans un ouvrage publié en 1831.

(2) Le *Speaker* ou président des Communes.

dustrie s'assoie sur le *sac de laine*, prêt à prier, à refuser, ou à menacer: tout le monde se trouve représenté, moins, il est vrai, le peuple des travailleurs.

De ce peuple il ne s'agit pas dans la cité anglaise. Féodalité transformée en propriété foncière, conquête sur les habitants du monde entier sous la forme de propriété commerciale et industrielle, voilà ce qui compte.

Mais la France! La France ressemble-t-elle à l'Angleterre? Où sont les Francs, où sont les Gaulois? La France est-elle une nation commerçante au premier chef? Comment séparer en France la propriété foncière de la propriété industrielle?

Puisque la Révolution française était en avant de toutes les révolutions qui ont agité l'Angleterre, puisque le Tiers-Etat chez nous avait renversé la Noblesse, il fallait évidemment, pour imiter le mécanisme de la Constitution Anglaise, que ce Tiers-État devînt la Noblesse dans la Constitution donnée à la France, et que le travail, le salaire, le peuple, les ouvriers, tout le monde enfin, devînt le Tiers-État.

Le Tiers-Etat est bien devenu la Noblesse, après avoir renversé, en 1830, avec le secours du peuple, le fantôme de noblesse que la Restauration avait voulu restaurer. Mais le travail, le salaire, le peuple, les ouvriers, tout le monde enfin, moins le Tiers-Etat, est resté exclu de la cité.

Il n'y a donc de représenté dans cette cité qu'un seul élément, le Tiers-État. Ce Tiers-Etat, ainsi représenté, forme avec la Royauté un *dualisme*. Un dualisme en fait de Constitution est une absurdité. Deux pouvoirs sans un troisième qui les unisse et les concilie, c'est le contraire de la Constitution tant prônée de l'Angleterre. Nous sommes donc arrivés à une absurdité.

CHAPITRE VI.

Le Tiers-Etat et le Prolétariat.

Le Tiers-Etat, le seul élément de la France qui soit représenté dans la Constitution, représente-t-il la France?

Pour en juger, il suffit de jeter un regard sur l'état de la propriété en France.

En avril 1833, M. de Rambuteau, chargé de défendre à la Chambre des Députés le système social actuel, eut une bizarre inspiration! On commençait à parler de cette masse immense de la nation cachée derrière le Tiers-Etat, et que l'on nomme les Prolétaires. Que fit M. de Rambuteau? Il imagina de nier les Prolétaires, et de couvrir la France de Propriétaires. Il put, sans rire et sans sourciller, affirmer devant l'honorable Chambre que « le sol de la France » est possédé par plus de *cinq millions de pro-* » *priétaires chefs de famille*, représentant » environ vingt-deux à vingt-cinq millions de

» la population ; que dès lors *ce sont les Pro-*
» *létaires qui sont le plus petit nombre*, et non
» la majorité, comme quelques publicistes cher-
» chent à l'établir. »

Or sur quelle autorité M. de Rambuteau appuyait-il sa révélation ? Sur les *dix millions de cotes* de l'impôt foncier. Mais ces *dix millions de cotes* prouvent précisément le contraire.

En effet, ce n'est pas tout que de dire et de répéter : Il y a *dix millions de cotes.* Il faut voir de quoi elles se composent. Si, sur ces dix millions de cotes, il y en a huit millions de si petite valeur que ceux qui les payent sont évidemment des Prolétaires, il faudra en conclure, à l'inverse de M. de Rambuteau, que l'immense majorité du peuple est composée de Prolétaires.

Or c'est précisément le cas des *dix millions de cotes*, dont les partisans du système actuel ont fait alors et font encore tant de bruit. Car, de ces dix millions, il y en a huit millions qui attestent le prolétariat, et deux millions qui attestent une médiocrité très voisine du prolétariat. Seulement, outre ces deux derniers millions, il y a environ cent mille cotes qui signalent l'opulence et l'aristocratie. Voici le tableau des rôles fonciers sur lequel s'appuyait M. de Rambuteau. Le lecteur va pouvoir décider la question à la première vue.

Rôles fonciers de 1826.

MONTANT DES COTES.	NOMBRE DES COTES.	PRODUITS.	MOYENNE DES COTES.
			fr. c.
20 fr. et au-dessous.	8,024,987	47,789,521	5 95
21 à 30. . . .	663,237	16,784,132	25 30
31 à 50. . . .	642,345	25,142,678	39 15
51 à 100. . . .	527,991	36,547,630	69 20
101 à 300. . . .	335,505	53,958,464	161 00
301 à 500. . . .	56,602	21,995,287	388 60
501 à 1,000. . .	32,579	22,206,125	688 30
1,001 et au-dessus.	13,447	23,204,082	1,726 50
	10,296,693	247,627,919	

De ce tableau, par une autre division des groupes qui le composent, on obtient le suivant :

MONTANT DES COTES.	NOMBRE DES COTES.	PRODUITS.	MOYENNE DES COTES.
			fr. c.
20 fr. et au-dessous. .	8,024,987	47,789,521	5 95
21 à 300. . . .	2,169,078	132,432,904	61 05
301 à 1,000 et au-dessus. . .	102,628	67,405,494	656 00
	10,296,693	247,627,919	

Lecteur, vous voyez pleinement le résultat que je vous annonçais, savoir huit millions de cotes dont la moyenne est de 5 fr. 95 c.; deux millions dont la moyenne est de 61 fr., et enfin cent mille cotes dont la moyenne est de 656 francs.

Or ces nombres 5 95, 61, et 656, qui expriment la moyenne des trois sortes de cotes, étant à peu près dans la progression décuple 1, 10, 100, il s'ensuit qu'en admettant les cinq millions cinquante mille propriétaires de M. de Rambuteau (1), il faut reconnaître du premier coup que ces cinq millions cinquante mille propriétaires se rangent en trois catégories de fortunes également décuples. Mais voici ce qui distingue ces trois catégories : la première est très nombreuse, la seconde beaucoup moindre, et la troisième infiniment moindre. Ces trois catégories sont, pour le nombre des cotes qui les composent, dans la proportion de 80 : 20 : 1, tandis que pour l'impôt, ce signe du revenu, elles sont dans la proportion inverse 1 : 10 : 100. C'est-à-dire qu'en définitive, en supposant un propriétaire par cote : sur 101 citoyens réputés ainsi propriétaires, il y en a *un* qui possède comme 100, *vingt* qui possèdent comme 10, et *quatre-vingts* qui possèdent comme 1.

Mais il s'agit de savoir ce que possèdent ceux qui possèdent comme 1.

---

(1) M. de Rambuteau dit *plus de cinq millions*.

Ils payent à l'Etat des cotes de 5 fr. 95 centimes en moyenne. Or on suppose qu'ils payent chacun 2 cotes ; car c'est sur cette supposition que de 10 millions de cotes on conclut 5 millions de propriétaires. Ils payent donc chacun à l'Etat en moyenne 11 fr. 90 c. Mais l'impôt foncier est au revenu, selon M. Humann, comme 1 : 6,94. Leur richesse s'élève en conséquence à 82 fr. 58 c. de revenu.

Ainsi voilà le résultat des *dix millions de cotes !* Ces dix millions tant célébrés nous annoncent que s'il y a en France, comme on le dit, cinq millions cinquante mille propriétaires fonciers, il y en a : 1° quatre millions qui jouissent d'un revenu de quatre-vingt-deux francs cinquante-huit centimes ; 2° un million dont le revenu est environ décuple, c'est-à-dire de huit cent quarante-six francs ; mais 3° qu'il en reste toujours cinquante mille qui jouissent, terme moyen, de neuf mille livresde rente (1).

A cinq personnes par famille, supposition adoptée par M. de Rambuteau, les cinq millions cinquante mille propriétaires chefs de famille représenteraient donc :

1° Vingt millions d'individus jouissant chacun du cinquième de 82 fr. 58 c., c'est-à-dire de seize francs cinquante centimes ;

2° Cinq millions d'individus jouissant chacun du cinquième de 846 fr., c'est-à-dire de cent soixante-neuf francs ;

---

(1) En propriété foncière, sans ce qu'ils peuvent posséder d'ailleurs.

3° Deux cent cinquante mille individus jouissant chacun du cinquième de 9,000 fr., c'est-à-dire de dix-huit cents francs.

Or je dis qu'à moins de renoncer au sens commun, il ne faut point donner aux vingt millions dotés par tête de seize francs cinquante centimes de revenu le même nom qu'aux deux cent cinquante mille dotés d'un revenu plus que centuple.

Je dis que lorsqu'on jette, au moyen de la statistique, un regard sur la situation intérieure d'un grand peuple, c'est une profonde immoralité ou une cécité complète que de confondre sous le même point de vue ceux qui, ne possédant presque rien, sont évidemment des *travailleurs* sans capital, avec la classe qui absorbe évidemment tous les capitaux.

Qu'importe, en effet, que les premiers possèdent quelque chose? Ne possédons-nous pas tous quelque chose? Le mendiant ne possède-t-il pas lui-même quelque chose? La question n'est pas là. La question est de savoir combien il y a en France de *travailleurs* sans capital, et combien il y a de *capitalistes* qui gouvernent ces travailleurs.

CHAPITRE VII.

Définition du prolétaire, du propriétaire, et du capitaliste.

La Convention, dans la Déclaration des droits rédigée par Robespierre., distinguait avec profondeur les deux ordres extrêmes de citoyens qui, au point de vue économique, partagent aujourd'hui la société. « Il y a des citoyens, disait cette Déclaration » des droits, dont les revenus n'atteignent pas » la subsistance ; il y en a d'autres dont les » revenus excèdent la subsistance (1). »

Voilà une distinction dont il est impossible à la mauvaise foi et à la légèreté d'esprit de nier la solidité. Or nous appelons *prolétaires* les citoyens dont les revenus n'atteignent pas la subsistance. Nous appelons *propriétaires* les citoyens dont les revenus atteignent la subsistance. Nous appelons *capitalistes* les citoyens dont les revenus excèdent la subsistance.

Les cotes de contribution foncière révèlent trois catégories de citoyens (en laissant de côté tous ceux qui ne figurent pas sur ces cotes); mais de l'une de ces catégories à l'autre il y a un abîme. Pourquoi donc les confondre?

Si la catégorie moyenne, composée de quatre millions, jouissant par tête d'un revenu de cent soixante-neuf francs, est prise pour terme de comparaison, et donne le taux légitime auquel le nom de *propriétaires* peut s'appliquer, il est évident que la catégorie des vingt millions dont le revenu est dix fois moindre ne doit pas être désignée par le même titre, mais par celui de *prolétaires*, puisque le dixième

(1) Article XIII.

du revenu qui constitue, à la limite, un propriétaire, ne saurait avoir pour effet de constituer un propriétaire, mais, par son insuffisance, constitue un prolétaire; et il est évident aussi que la dernière catégorie, composée seulement de deux cent cinquante mille membres, doit être considérée à un autre titre, et qu'il faut désigner ceux qui la forment, non plus sous le nom de propriétaires, mais mieux sous celui de capitalistes, puisque leur revenu, ou plutôt la part de leur revenu que signalent les rôles fonciers, est décuple du revenu qui constitue le propriétaire.

Pour être juste et pour ne pas substituer le mensonge à la vérité, il fallait donc, en signalant les cinq millions cinquante mille propriétaires que l'on suppose d'après les cotes de l'impôt foncier, déclarer en même temps que les quatre cinquièmes de ces propriétaires n'avaient qu'une propriété insuffisante et de tout point comparable à une très minime propriété mobilière.

Pour être juste et pour ne pas substituer le mensonge à la vérité, il fallait déclarer que parmi les citoyens inscrits sur les registres de l'impôt foncier, les quatre cinquièmes ne devaient pas être nommés propriétaires. Et si l'on s'obstinait à leur donner ce nom, il était juste au moins de préciser en quoi consistait leur revenu. N'est-il pas évident, en effet, que ces prétendus vingt millions de propriétaires ne sont propriétaires que de leur part de cabane, ou, en échange de cabane, d'un bout de champ tout au plus suffisant à payer le loyer de leur habitation?

Nous verrons tout-à-l'heure combien cette assertion est exacte; nous verrons que ces prétendus vingt millions de Propriétaires ne sont que des Prolétaires ayant leur logement assuré.

CHAPITRE VIII.

Suite.

Dans un livre insolent, qui a la prétention d'être écrit contre l'humanité, contre la charité, contre la vertu, contre le droit, contre la justice, contre toute religion, et qui est dédié à M. Guizot (1), un homme d'esprit, ami du paradoxe, et partisan déclaré de toutes les iniquités sociales, a montré, sur la définition du Prolétaire et du Propriétaire, plus de jugement que M. de Rambuteau. Du moins, il n'a pas

---

(1) En ces termes: « Je vous dédie ce livre comme au » prince des historiens de notre siècle. *Vous y reconnaîtrez* » *la trace de vos principes et le fruit de vos conseils, si j'ai* » *su comprendre les uns et profiter des autres.* » La postérité saura donc, et l'âge présent peut déjà savoir, par le livre de M. Granier de Cassagnac, quelle trace laissent les principes de M. Guizot, et ce que produisent ses conseils; car nous ne doutons pas, pour notre part, que M. Granier n'ait su comprendre les uns et profiter des autres.

abusé autant que lui du sens restreint que l'on donnait autrefois, d'après l'étymologie, au mot de *prolétaire*, ni de l'équivoque que l'on tire du mot de *propriétaire*.

« Nous ne nous occupons pas, dit-il, du sens » que le mot *prolétaire* emprunte à son éty- » mologie latine. *Proletarius* désignait une » chose propre à la constitution de Rome. Le » mot *prolétaire* désigne, dans nos idées, une » chose commune à toutes les sociétés. Ainsi, » par exemple, il y a parmi tous les peuples » de l'Europe moderne, et il y avait parmi les » peuples de l'Europe ancienne, une masse » plus ou moins considérable de familles et » d'individus formant la position la plus infime, » l'assise la plus basse de la société. D'ordi- » naire, *ces familles et ces individus vivent* » *du travail pénible et journalier de leurs* » *mains. Le salaire de la veille est tout ce* » *qu'ils possèdent le lendemain*; et la pro- » priété territoriale, quand ils y arrivent, est » pour eux beaucoup moins la règle que l'ex- » ception. Ces hommes, qui ne sont pas pro- » priétaires terriens, qui ne l'ont jamais été, » auxquels on n'ose pas promettre qu'ils le » seront un jour; ces hommes pauvres, ob- » scurs, sans fortune amassée de père en fils, » et pour lesquels toutes les traditions domes- » tiques se réduisent à la *nécessité de gagner* » *le pain de chaque jour*; ces hommes, ce sont » les *Prolétaires*, et la condition à laquelle ils » appartiennent, c'est le *Prolétariat*. Ceci

» étant posé, voici ce que le prolétariat con-
» tient : 1° les ouvriers ; 2° les mendiants ;
» 3° les voleurs ; 4° les filles publiques. Car un
» ouvrier est un prolétaire *qui travaille et qui*
» *gagne un salaire pour vivre*. Un mendiant
» est un prolétaire qui ne peut pas ou ne veut
» pas travailler, et qui mendie pour vivre. Un
» voleur est un prolétaire qui ne veut ni tra-
» vailler ni mendier, et qui dérobe pour vivre.
» Une fille publique est un prolétaire qui ne
» veut ni travailler, ni mendier, ni dérober, et
» qui se prostitue pour vivre. *L'absence de*
» *toute propriété acquise, de toute fortune*
» *amassée, est donc, comme nous avons dit,*
» *ce qui constitue le Prolétariat* ; et la néces-
» sité qu'il y a, quand on n'a rien que son
» corps, ou de travailler, ou de mendier, ou
» de dérober, ou de se prostituer pour vivre,
» divise naturellement les prolétaires en quatre
» grandes catégories, qui sont celles que nous
» avons signalées ; catégories dans lesquelles
» ils se rangent selon leur éducation, selon
» leur caractère, selon leur force physique et
» morale, selon les conditions particulières de
» la famille à laquelle ils appartiennent, selon
» les conditions générales de la société qui les
» environne ; quelquefois selon leurs défauts,
» quelquefois selon les défauts des autres, sou-
» vent selon le hasard (1). »

---

(1) *Histoire des Classes ouvrières et des Classes bourgeoises*, ch. I.

Voilà au moins quelque profondeur et quelque justesse d'esprit. Il est vrai que cet auteur se contredit lui-même, en ne comptant pas parmi les ouvriers les ouvriers des campagnes. Mais la distinction qu'il fait entre le Prolétaire et le vrai Propriétaire est bien posée. C'est, dit-il, l'*absence de propriété acquise, de fortune amassée*, *qui constitue le Prolétariat*. Quiconque vit de salaire, ou serait forcé d'en vivre par sa condition naturelle, s'il ne suppléait pas au travail par la mendicité, le vol, ou la prostitution, est prolétaire. Le prolétaire est quiconque se trouve, par l'absence de revenu, *dans la nécessité de gagner le pain de chaque jour*. Toutes les familles, tous les individus qui *vivent d'un travail pénible et journalier*, et pour qui le *salaire de la veille est tout ce qu'ils possèdent le lendemain*, doivent être rangés dans une même condition générale appelée *Prolétariat*, en face de la condition de ceux qui ne vivent pas de salaire, qui vivent de *propriété acquise*, de *fortune amassée*. Le Prolétariat équivaut donc, suivant cet écrivain, au travail, au salaire, de même que le contraire du Prolétariat, ou la Propriété, équivaut au revenu, fruit du capital. Mais, cela étant, un paysan qui possède une cabane et rien de plus, est-il prolétaire ou propriétaire? Evidemment, d'après la définition, il est prolétaire; car cette cabane ne le fait pas vivre. Un paysan qui possède un hectare de terre est-il prolétaire ou propriétaire? Evidemment encore il est prolétaire ; car cet hectare de terre ne le fait vivre qu'autant qu'il y applique le *travail pénible et journalier de ses mains.* Qu'importe que ce paysan soit *propriétaire terrien*, si sa propriété terrienne ne lui permet de vivre que moyennant ce travail pénible et journalier ? Ce n'est qu'à une certaine limite que l'instrument de travail devient assez productif par lui-même pour donner lieu à une rente qui suffit à la subsistance de son propriétaire. En deçà de cette limite, on est Prolétaire ; on n'est Propriétaire qu'au-delà.

Une famille d'ouvriers travaillant à la ville possède un mobilier : malgré ce mobilier, vous rangez cette famille parmi les prolétaires, parce-que la nécessité de gagner par le travail le pain de chaque jour est le lot de cette famille. Un voleur a pu se procurer une somme d'argent par le larcin : il n'en reste pas moins pour vous un prolétaire, parce que cette somme ne constitue pas un capital suffisant, et que cet homme sera obligé demain de revenir à sa coupable industrie. Une prostituée, une courtisane, bien que logée à la Chaussée-d'Antin, et meublée comme une duchesse, est encore pour vous un prolétaire. Soit ; le Prolétariat admet qu'il comprend dans son sein les mendiants, les voleurs, et les prostituées. Vous n'avez pas fait là, noble écrivain contempteur de vos frères pauvres ou dégradés par la misère, une grande découverte. Lisez l'Evangile ; vous verrez que Jésus n'a repoussé ni le mendiant, ni le larron, ni la prostituée ; mais il a dit anathème aux scribes et aux pharisiens. Seulement, puisque vous êtes si exact à énumérer les hontes du Prolétariat, pourquoi ne comptez-vous pas dans votre énumération ceux qui fécondent les champs et vous donnent le pain, les ouvriers des campagnes, les prolétaires agricoles ?

Pour en revenir aux dix millions de cotes de M. de Rambuteau, un chef de famille qui paye 11 fr. 90 c. d'impôt foncier, ce qui répond à un revenu de 82 fr. 58 c., et à un fonds de 1,651 fr. 60 c. en principal, au taux le plus exagéré, ne possède évidemment pour lui et les quatre ou plutôt les six personnes qui composent avec lui sa famille (car la famille du pauvre est plus nombreuse que celle du riche), que l'habitation, la cabane, ou son équivalent. Ne le rangez donc pas au nombre des propriétaires. Dites qu'il possède une cabane, et pas autre chose. Quant aux vrais propriétaires, cherchez-les dans la seconde et surtout dans la troisième catégorie ; ils ne sont que là, ils ne peuvent être que là. Vos *dix millions de cotes*, dont plus de huit millions sont de cinq francs quatre-vingt-quinze centimes, le prouvent sans réplique.

La vraie conséquence à tirer des cotes de l'impôt foncier serait donc celle-ci :

La France, qui compte trente-quatre millions et demi d'habitants, compte sur ce nombre trente millions de Prolétaires.

CHAPITRE IX.

D'où viennent les dix millions de cotes de l'impôt foncier.

On ne nie pas, en général, l'existence des Prolétaires dans les villes ; ce serait trop absurde et trop ridicule. Les manufactures, les hôpitaux, les bureaux de charité, montrent ces Prolétaires par mille, par cent mille, par millions. Mais on profite de ce que les lois, les livres, les journaux, se fabriquent dans les villes, pour mentir sur les campagnes. On dit donc audacieusement qu'il y a, à la vérité, des masses de Prolétaires attachés à l'industrie, mais qu'il en est tout autrement de l'agriculture. Et parceque le cadastre a révélé le morcellement du sol en 124 millions de parcelles, parceque les cotes de l'impôt foncier attestent quatre millions de petits contribuables, on érige en axiome que depuis la Révolution le sol de la France s'est couvert et se couvre chaque jour de plus en plus de Propriétaires.

Il est couvert de Prolétaires, voilà la vérité.

Quel pitoyable jeu de mots que d'appeler propriétaire quiconque paye une obole à l'impôt foncier ! L'Etat prélève un milliard et demi chaque année sur le travail de la nation.

Mais qu'arrive-t-il? Parmi les trente millions de Prolétaires qui couvrent la France, les uns payent leur part uniquement en impôts indirects, tandis que d'autres sont de plus inscrits sur les registres de l'impôt foncier. La légèreté d'esprit et la mauvaise foi, jouant sur le mot propriété, appellent ceux-ci des propriétaires!

Mais à ce compte, je le répète, vous feriez mieux de dire que nous sommes tous propriétaires, et qu'il n'y a en France que des propriétaires; car nous possédons tous quelque chose. Les *quatre millions de mendiants*, reconnus par vos statistiques officielles, sont aussi des propriétaires; car ils possèdent quelques meubles, quelques haillons.

Voici la source du préjugé qui s'est établi sur le grand nombre des propriétaires fonciers.

Il est bien vrai que depuis la Révolution la population des campagnes s'est attachée à posséder. La propriété, telle est la seule voie d'affranchissement que cette Révolution, après son avortement, a montré aux travailleurs de l'agriculture. Ils n'ont pas d'autre ciel ouvert devant eux, pas d'autre route de moralité et de bonheur. Ils se précipitent donc vers la propriété, mais la plupart sans jamais y atteindre.

Les plus sages observateurs, et entre autres M. Mathieu de Dombasle, ont signalé cette manie de posséder comme une cause de ruine certaine et de misère irrémédiable pour la masse des travailleurs de l'agriculture. On sait que la terre ne rend qu'en raison des avances qu'on peut faire pour la cultiver. Ces avances manquent au manœuvre qui s'est transformé imprudemment en propriétaire. Surviennent maintenant des besoins pressants, une mauvaise année, des maladies, choses fort ordinaires parmi des hommes exposés à tant de privations ; voilà notre petit propriétaire endetté, hors d'état de payer, devenant la proie d'un propriétaire voisin, qui ne manquera pas de profiter de son embarras et de l'exproprier au besoin.

Mais, malgré toutes ces raisons qui devraient calmer la soif de posséder ou plutôt de paraître posséder qu'ont les Prolétaires, ils ne continuent pas moins, depuis la Révolution, à se précipiter dans cette voie désastreuse, attirés par une sorte de mirage. Le besoin légitime d'affranchissement, de liberté, et d'égalité, que la Révolution a mis dans leurs âmes, les y pousse irrésistiblement. Avant la Révolution, on pouvait être serf et s'estimer. Mais après la Révolution, être mercenaire et s'estimer est devenu plus difficile. Avant la Révolution, on jouissait d'une cabane et de quelques arpents de terre, en s'attachant à la domesticité des seigneurs. Il n'y a plus de seigneurs ; on veut être maître de cette cabane, et seigneur à son tour de la terre. Le métier de mercenaire est sujet à tant d'affronts, à tant d'infamies, et le salaire est si incertain !

Les spéculateurs, qui se sont aperçu de cette avidité du peuple des campagnes, ont su en profiter. Chaque domaine mis en vente a été divisé en autant de fractions qu'on a pu. La bande noire des notaires est occupée de ce genre de spéculation depuis bientôt un demi-siècle. On offre à la cupidité du prolétaire agricole un lambeau de terre ; il y engloutit toutes ses économies, et, ses économies ne suffisant pas, il emprunte. C'est l'autre face du métier lucratif de la bande noire des notaires. Quand le Prolétaire s'est ainsi endetté pour posséder une misérable cabane ou un petit coin de champ, l'agent du fisc le range sur les registres de l'impôt foncier. Puis viennent les statisticiens, qui s'extasient sur le développement de la propriété en France.

CHAPITRE X.

Prolétaires agricoles.

Ces statisticiens enflent à qui mieux mieux leurs nombres de Propriétaires. Mais à quel résultat arrivent-ils ? Ils n'arrivent jamais qu'à constater, sous ce titre mensonger de Propriétaires, un nombre effrayant de véritables Prolétaires.

Un de ces statisticiens, et des plus estimés, M. Lullin de Chateauvieux, fait monter à quatre millions le nombre de nos propriétaires agricoles; voici comme il les répartit :

		PROPRIÉTAIRES.	HECTARES.
Grands propriétaires.	1re classe.	42,409	8,481,800
	2e classe.	51,622	4,516,925
Propriétaires moyens.	1re classe.	86,069	4,819,864
	2e classe.	258,000	7,388,033
Petits propriétaires.	1re classe.	774,620	7,843,494
	2e classe.	2,787,112	12,650,914
Totaux.		3,999,832	45,701,030

De ce tableau on déduit les résultats suivants :

94,031 *grands propriétaires* possèdent en totalité 12,998,725 hectares, ce qui donne à chacun en moyenne *cent trente-huit hectares.*

344,069 *propriétaires moyens* possèdent 12,207,897 hectares, ce qui donne à chacun en moyenne *trente-cinq hectares et demi.*

3,561,732 *petits propriétaires* possèdent 20,494,408 hectares, ce qui donne à chacun en moyenne un peu moins de *cinq hectares trois quarts.*

Trois millions et demi de petits propriétaires possèdant chacun en moyenne près de six hectares!... Supposez M. de Rambuteau, ou son équivalent, montant à la tribune de la Chambre des députés pour proclamer ce résultat : quel triomphe pour le système actuel! « Messieurs, dirait-il, la propriété est *bonne pour se défendre*, ainsi que le répète si souvent, et avec tant de raison, notre grand politique M. Guizot. Elle croît comme l'herbe des champs, cette propriété, et bientôt elle couvrira tout; il ne restera plus bientôt de prolétaires. Nous avons déjà, le croiriez-vous (je ne le croyais pas moi-même, mais la statistique l'atteste)? *trois millions et demi de petits propriétaires agricoles possédant chacun près de six hectares!!!* » Voilà, à ces mots, la Chambre enthousiasmée et parfaitement convaincue : ne le fut-elle pas en 1833 par les absurdes supputations de M. de Rambuteau? Tel député agronome calcule aussitôt en lui-même que l'hectare de bonne terre en céréales rapporte de revenu brut jusqu'à onze cents francs, et que les plus mauvaises terres à froment ne rapportent pas moins de cent cinquante francs. « Quelle richesse, se dit-il, dans ces petits propriétaires! » Et, comme cet honorable est riche lui-même, il trouve que tout va à merveille :

Quand Auguste avait bu, la Pologne était ivre.

Hélas! les trois millions et demi de petits

propriétaires possédant chacun en moyenne un peu moins de cinq hectares trois quarts sont une chimère !

Car il s'agit de savoir ce que valent ces hectares ; et c'est ici qu'il y a du déchet.

Les hectares de M. Lullin de Chateauvieux rapportent.... *dix-sept francs* de revenu !!!

En effet, ce statisticien a compris dans son calcul la superficie cultivée ou cultivable de la France entière ; puis, se guidant par les cotes de l'impôt foncier, il a divisé cette superficie entre les propriétaires, au prorata de leur nombre et en raison de leurs cotes. Or j'ouvre la *Statistique officielle*, au tome IV de l'Agriculture, et je trouve que la cote moyenne par hectare imposable est 2 fr. 47 cent. Le rapport du revenu à l'impôt est 6,94. Chaque hectare rapporte donc en moyenne un revenu de 17 fr. 14 cent. Le propriétaire de cinq hectares trois quarts a donc moins de cent francs de revenu. C'est toujours le même résultat que nous avait donné directement le calcul des cotes de l'impôt foncier. Et comment en effet en serait-il autrement? M. de Chateauvieux n'a fait que traduire ces cotes en hectares.

Mais il y a plus : sur ces trois millions et demi de petits propriétaires possèdant en moyenne cinq hectares trois quarts, M. de Chateauvieux trouve, et toujours d'après les cotes de l'impôt foncier, qu'il y en a 1 million 243 mille qui ne possèdent pas plus de

deux hectares, « propriété, dit-il, évidem-
» ment insuffisante pour faire vivre une fa-
» mille, qu'elle soit de cinq ou même seule-
» ment de quatre personnes, puisque, dans
» l'état actuel de l'agriculture en France, il
» ne faut pas moins de 1 hectare 23 ares
» pour assurer l'existence d'un seul indi-
» vidu. »

En résumé, les quatre millions de propriétaires agricoles supputés par M. de Chateauvieux se partagent ainsi :

94,031	*grands propriétaires* possèdent ensemble 12,998,725 hectares, ce qui donne à chacun en moyenne *cent trente-huit hectares*, représentant 2,346 francs de revenu.
344,069	*propriétaires moyens* possèdent 12,207,897 hectares, ce qui donne à chacun en moyenne *trente-cinq hectares et demi*, représentant 543 francs 50 c. de revenu.
2,318,732	*petits propriétaires* possèdent 18,008,408 hectares, ce qui donne à chacun en moyenne *sept hectares et demi*, représentant 127 francs 50 c. de revenu.

1,243,000 *très petits propriétaires* possèdent 2,486,000 hectares, ce qui donne à chacun en moyenne *deux hectares*, représentant 34 francs de revenu.

3,999,832

Il n'est pas démontré pour moi que M. de Chateauvieux n'ait pas erré; et, en ce cas, ses erreurs ont dû, comme chacun peut l'apprécier aisément, tomber, non sur la grande propriété, où tout est beaucoup plus clair, mais sur les petits propriétaires. Il a pu leur compter en terres une partie de l'impôt qu'ils payent pour leurs chaumières. Il leur attribue évidemment et fait entrer dans leur part les communaux. Il suppose de même valeur et de même qualité les terres réparties entre les grands, les moyens, et les petits propriétaires, etc. Certes son nombre de petits propriétaires paraît, au premier coup d'œil, fort exagéré; car à cinq personnes par famille, ce qui est un *minimum*, il donnerait une population de près de dix-sept millions. Or, on n'élève guère qu'à vingt millions la population agricole de la France. Il s'ensuivrait donc que sur vingt individus appartenant à cette population, dix-sept seraient Propriétaires directement ou indirectement, sans compter les moyens et grands Propriétaires; ce qui est bien peu vraisemblable (1). Mais en adoptant même les résultats statistiques de M. de Chateauvieux, que prouvent-ils?

Ce que je vois de certain dans ces chiffres, c'est que moins de cent mille propriétaires fonciers possèdent à eux seuls près du tiers de la superficie arable de la France;

Qu'un autre tiers de cette superficie est possédé par moins de trois cent cinquante mille;

En sorte que les deux tiers environ du sol de la France sont possédés par moins de cinq cent mille propriétaires.

Quant au dernier tiers, il est non pas possédé (le mot ne convient pas ici), mais péniblement et ingratement cultivé par des millions de pauvres gens. A cinq personnes par famille, les 2,318,732 petits propriétaires ayant 127 fr. 50 c. de revenu, donneraient onze à douze millions de vrais prolétaires dotés de 25 fr. 50 c. de revenu par tête; et les 1,243,000 très petits propriétaires ayant 34 fr. de revenu donneraient six à sept millions de vrais prolétaires dotés par tête de 6 fr. 50 c. de revenu.

---

(1) L'absurde préjugé répandu sur la condition du peuple des campagnes, et sur les avantages de la division de la propriété, donne lieu chaque jour à des appréciations vraiment fabuleuses. Ainsi nous trouvons dans un ouvrage justement estimé, le *Précis de la géographie universelle*, par Malte-Brun et Huot (cinquième édition, 1840), cette inconcevable erreur: « Le chiffre des propriétaires de biens fonciers en » France ne s'élève pas à moins de 10,946,219. » Et les auteurs en donnent pour preuve les cotes de contribution foncière de 1829. Ils ont pris chaque cote pour un propriétaire!

Mais enfin ils possèdent, dira-t-on encore! Ils ne possèdent pas. Ce sont des prolétaires. Ils vivent de travail pénible et journalier; ils vivent de salaire. Ils n'ont pas de revenu. Voulez-vous savoir à combien s'élève le revenu journalier des six ou sept millions composant la dernière classe? à *un centime et demi* par tête.

Une portion de l'instrument de travail agricole nécessaire à la subsistance humaine leur a été abandonné, voilà tout. Ils le cultivent sans avances; ils dévorent, sans être rassasiés, le peu qu'il leur rapporte. Le rude logicien Malthus, considérant cette expérience que fait la France sur la fragmentation du sol et ce qu'on appelle la division de la propriété, écrivait: « Il se fait en ce moment en France une » expérience dangereuse. Les possesseurs de » ces petites fractions de terre se trouveront » nécessairement dans un état remarquable de » dénuement; et, s'il survient des années de » disette, ils doivent périr en grand nombre. » Malthus a raison. La disette n'est pas venue, direz-vous. La disette est permanente pour ces prolétaires des campagnes que vous appelez des propriétaires; et si elle venait, dans le sens où Malthus l'entend!...

Tous les observateurs, je le répète encore, sont d'accord sur ce point. Voici ce que nous lisons dans un écrit récent, dont l'auteur est d'ailleurs fort partisan du système actuel: « Nous ne savons si c'est un bien de multiplier

» à l'infini les petits propriétaires hors d'état » de se suffire à eux-mêmes, sans se mettre à » la solde d'autres propriétaires plus riches, et » que chaque année de mauvaise récolte ruine » nécessairement. Nous n'examinerons pas si » la dissémination des capitaux, la déperdition » d'efforts et de dépenses qui en résultent, ne » s'opposent pas essentiellement à une culture » bien entendue, qui, pour prendre son déve- » loppement, a besoin d'engrais abondants, » par conséquent de nombreux bestiaux, et » d'un ensemble de moyens d'exploitation qui » permette d'agir sur une large échelle. Un » avantage de cette petite propriété, c'est que » ces petits propriétaires, obligés d'ajouter à » leurs ressources en travaillant à la journée » pour autrui, offrent à ceux qui les employent » des garanties d'ordre et de conduite que » ne pourraient donner de simples journa- » liers (1). » Voyez l'admirable compensation que cet auteur à trouvée ! Ces prolétaires propriétaires sont bien malheureux, mais ils offrent aux grands propriétaires des garanties d'ordre et de conduite. Eh ! sans doute, c'est un bon peuple que ce peuple de France, mais c'est un peuple fort misérable sous le rapport de la richesse.

---

(1) *Statistique de la France*, par J.-H. Schnitzler.

CHAPITRE XI.

Les cent mille électeurs de la Restauration et les cent quatre-vingt mille électeurs actuels.

Le résultat de tous les calculs qu'on a pu faire sur la propriété du sol est donc de nous montrer l'immense majorité de la population agricole possédant moins d'un hectare vingt-trois ares, c'est-à-dire moins que l'instrument de travail nécessaire à la subsistance d'un homme (1). Mais cette propriété même est-elle réelle ? Le petit propriétaire n'a-t-il pas des dettes ? n'a-t-il pas emprunté pour avoir à sa disposition ce chétif instrument de travail ? S'il a à payer l'intérêt de sa dette, il est pré-

(1) A cinq personnes par famille, ce qui est un minimum pour cette classe, les 3,561,732 petits propriétaires possédant chacun en moyenne un peu moins de 5 hectares 3/4 donnent seize millions six cent mille individus ne possédant qu'un hectare quinze ares. Dira-t-on que sur les cinq personnes qu'on suppose composer la famille, il y en a deux ou même trois qui n'ont pas besoin pour se sustenter du produit d'un hectare vingt-trois ares ? On répondrait que, par compensation, ces membres ne sont pas, à cause de leur âge, capables de mettre en valeur leur part. Il faut donc que le chef de famille mette en valeur les cinq hectares trois quarts revenant à sa famille pour que chacun ait le fruit d'un hectare quinze ares. Déduction faite de ce labeur, voyez ce qu'il reste à chacun de propriété réelle. Il reste à chacun en revenu ce que rapportent dix ares tout au plus. Que le chef de famille vienne donc à mourir ou à être malade, la famille tombe dans la plus profonde misère.

cisément dans le cas d'un fermier qui prend une terre à bail.

Un autre résultat de ces mêmes chiffres nous montre, en présence de cette immense majorité de Prolétaires véritables, déguisés en propriétaires, un petit nombre de vrais Propriétaires, savoir :

1° 42,409 propriétaires de 1re classe, possédant 8,481,800 hectares, c'est-à-dire deux cents hectares par propriétaire, donnant en moyenne 2,800 f. de revenu.

2° 51,622 propriétaires de 2me classe, possédant 4,516,925 hectares, c'est-à-dire quatre-vingt-sept hect. par propriétaire, donnant en moyenne 1,218 f. de revenu.

3° 86,069 propriétaires de 3me classe, possédant 4,819,864 hect.; c'est-à-dire cinquante-six hectares par propriétaire, donnant en moyenne 784 fr. de revenu.

4° 258,000 propriétaires de 4me classe, possédant 7,388,033 hect., c'est-à-dire vingt-huit hectares et demi par propriétaire, donnant en moyenne 400 fr. de revenu.

Il ne s'agit, bien entendu, ici que de la propriété du sol ; il ne s'agit pas de toute la propriété foncière, ni de la richesse immobilière.

Or, si l'on veut calculer dans quel rapport se trouvent ces quatre classes de propriétaires, on verra qu'elles donnent approximativement ce résultat : sur quarante-trois propriétaires, il y en a 25 qui possèdent comme 1, 9 qui possèdent comme 2, 5 qui possèdent comme 3, et 4 qui possèdent comme 8.

Ces 5 qui possèdent comme 3, et ces 4 qui possèdent comme 8, sont les grands propriétaires. Ces grands propriétaires sont au nombre d'environ cent mille.

Les cotes de l'impôt foncier nous avaient également fait distinguer ces cent mille propriétaires.

Ces cent mille propriétaires reviennent toujours, quelque considération de statistique que l'on embrasse.

Ce sont les *cent mille électeurs* de la Restauration. Sous la Restauration, l'impôt foncier ayant été pris pour la seule base du droit politique, le nombre des électeurs ne dépassa pas 107,000 et ne tomba pas au-dessous de 92,000. En 1830, le cens ayant été abaissé de 300 fr. à 200, et la patente ayant été admise à figurer dans cette somme, le nombre des électeurs s'est élevé de beaucoup, mais n'a pas atteint 200,000.

Il est certain et évident que ce sont les propriétaires de troisième classe qui, s'ajoutant presque en masse aux cent mille grands propriétaires, ont formé le corps électoral actuel. La quatrième classe n'a pas été même admise.

Or, s'il y a un préjugé qui fait voir dans la masse de la nation vivant de labeur et de salaire ce qui n'y est pas, c'est-à-dire des propriétaires, il y a un préjugé inverse qui consiste à diminuer la fortune de cette classe privilégiée composée de cent à deux cent mille propriétaires.

D'un côté, les partisans intéressés du désordre social et politique actuel s'évertuent à signaler la petite propriété là ou il n'y a réellement pas de propriété. De l'autre, ils atténuent et déguisent autant qu'ils peuvent la grande propriété là où elle existe bien réellement.

Parceque le cens électoral de 200 francs ne suppose que 1,400 livres de rente, on conclut à la légère que les deux cent mille électeurs jouissant de ce cens ne représentent qu'un revenu correspondant à cette limite, comme serait, par exemple, deux à trois cent millions. Or, on estime le revenu brut de la nation à neuf ou dix milliards. Qu'est-ce que deux ou trois cent millions en comparaison de neuf ou dix milliards? Ce n'est qu'un cinquantième. La France, se dit-on, est si riche, que sa fortune totale n'est pas bien entamée par ce groupe qui entre en partage pour quelques cents millions. Mais combien cette appréciation est superficielle et fausse!

Je dis que *tout le capital de la France* est entre les mains de ces deux cent mille propriétaires.

En effet, s'il n'est pas là, où serait-il ?

CHAPITRE XII.

Quatre millions de mendiants en France.

Pour en juger, établissons, à notre tour, la statistique des Prolétaires et des Propriétaires, d'une façon plus solide que ne le fit M. de Rambuteau dans son célèbre rapport.

On lisait, il y a trois mois, dans les journaux ministériels et autres la note suivante :

« L'administration fait en ce moment pré-
» parer un projet de loi concernant la mendi-
» cité dans le royaume. Ce projet sera accom-
» pagné, assure-t-on, des réponses aux ques-
» tions qui suivent :

» Quelles sont les causes de la mendicité
» dans chaque département ?

» Quelles sont les mesures adoptées pour
» empêcher la mendicité ?

» A quel point les conseils généraux se sont
» occupés de cette question ; les ressources
» qu'ils ont créées ?

» Quels sont les établissements publics de
» refuge ou de travail qui ont été organisés ?

» Quelle part prennent les départements, les

» communes, les bureaux de bienfaisance, dans » les mesures adoptées ?

» Quel est le degré d'application des dispo» sitions pénales relatives aux mendiants ?

» Quelles associations de secours existent ?

» Les règlements et arrêtés pris contre la » mendicité.

» La statistique des mendiants, montant à » quatre millions

» Enfin, les enquêtes faites en Allemagne, » aux États-Unis, en Angleterre, etc., sur cette » grande question. »

Il résulte de cette note quasi-officielle que la France compte quatre millions de mendiants. Oui, quatre millions de mendiants en France, quatre millions de mendiants sur trente-quatre millions et demi d'hommes, près du neuvième de la population réduit à la condition de mendiant, le neuvième de la France tombé dans un état plus abject à bien des égards que celui des esclaves de l'antiquité; enfin, un mendiant sur neuf hommes !

CHAPITRE XIII.

Quatre millions d'indigents en France, outre les quatre millions de mendiants.

On est pris d'abord d'un grand étonnement en voyant cette révélation de la statistique officielle ; on a peine à en croire ses yeux. Mais un autre fait, voisin de celui-ci, vient en démontrer toute la certitude. C'est le nombre des indigents inscrits sur les contrôles des bureaux de charité dans les villes. Il y a tel arrondissement de Paris qui, sur une population de quatre-vingt mille habitants, compte annuellement quinze, vingt et jusqu'à vingt-quatre mille indigents inscrits sur ses contrôles. Il y a telle ville de France, Reims, par exemple, qui, sur une population de trente-six mille âmes, compte vingt-deux mille ouvriers non patentés, dont dix à douze mille déclarés indigents.

Ces indigents des villes ne doivent pas être confondus avec les quatre millions de mendiants de la statistique officielle. Ils peuvent bien en fournir un certain nombre ; mais la mendicité étant interdite dans les grandes villes, il reste, outre les quatre millions de mendiants, donnés en majeure partie par la population des campagnes, une masse considérable d'indigents qui ne sortent pas des villes, et ne mendient pas. Ajoutez à cette masse d'indigents officiellement secourus par les bureaux de Bienfaisance ceux qui, réduits au même état de misère, reculent devant la charité publique; joignez-y le nombre constant des malades dans les hôpitaux, la population des hospices consacrés à la vieillesse, à l'aliénation mentale, aux maladies incurables, les enfants trouvés, et enfin les délinquants dans les prisons et dans les bagnes, en ne comptant même que pour mémoire les geôliers et les espions, dont le salaire, par cela qu'il est ignoble, n'est au fond qu'indigence, comme celui des prostituées; et vous trouverez que porter cette classe au même nombre que celle des mendiants, c'est probablement rester au-dessous de la vérité.

S'il fallait prendre Paris pour le type de la condition des habitants des villes, ce nombre d'indigents devrait être estimé beaucoup plus grand. Car il y a telle année où, à Paris, le nombre des décès dans les hôpitaux, dans les prisons, et à la Morgue, s'est trouvé de quarante-quatre et demi sur cent, comparé au nombre total des morts.

Il n'y a donc aucune exagération à supposer qu'outre les quatre millions de mendiants, la France renferme quatre millions d'indigents dont la condition n'est pas beaucoup meilleure.

CHAPITRE XIV.

Preuves.

Mais vraiment ne nous trompons-nous pas? ne faisons-nous pas, en commençant notre évaluation, une chute sur le terrain glissant de la statistique, comparable à celle de M. de Rambuteau, bien qu'en sens inverse? La note sur la mendicité que nous avons lue dans tous les journaux (1), est-elle bien authentique? Et, si elle est authentique, n'y a-t-on pas confondu les mendiants des campagnes avec les indigents des villes?

Non, nous ne nous trompons pas. Cette note est authentique, et elle ne confond pas les mendiants avec les indigents. Dans le langage des philanthropes comme dans celui des administrateurs, mendicité et indigence sont deux choses très distinctes.

Jusqu'ici tous ceux qui s'étaient occupés du paupérisme en France avaient reconnu qu'il leur manquait une donnée importante, celle de l'indigence avérée pour la population des campagnes, ou, en d'autres termes, de la mendicité, puisque l'indigence hors des villes devient mendicité, parcequ'elle n'est ni réprimée ni secourue. Voici ce qu'écrivait à ce sujet, il y a deux ans, un homme de bien que la mort vient de frapper, Eugène Buret, l'auteur d'un livre couronné par l'Institut :

« Nous ne possédons pas malheureusement
» sur la misère française des documents aussi
» positifs que ceux que nous fournissent pour
» l'Angleterre les enquêtes du Parlement et

(1) Cette note a paru dans la *Presse*, dans le *Journal des Débats*, dans le *Constitutionnel*, et dans vingt autres journaux de Paris et des départements. Nous l'avons reproduite à cette époque (*Revue Indépendante*, numéro d'Avril 1842), en faisant remarquer que le devoir de l'administration était de la rectifier, si elle n'était pas exacte. Aucune rectification n'a été faite.

» surtout les rapports annuels de la Commis-
» sion des pauvres. Ce serait en vain que nous
» demanderions aux documents officiels une
» statistique complète de la misère en France.
» Ils en constatent seulement l'existence par
» les hôpitaux et les bureaux de bienfaisance ;
» ils ne peuvent en donner ni l'étendue ni le
» degré. L'insuffisance de la charité légale,
» qui n'accorde des secours que dans le cas de
» maladie ou de détresse extrême, et en cer-
» tains lieux seulement, abandonne la plus
» grande partie de la plaie sociale aux soins
» de la charité privée, qui n'enregistre ni ses
» offrandes, ni le nombre des pauvres sur les-
» quels elle les répand. La mendicité n'est pas
» régularisée par une mesure générale dans
» toute la France. La rareté des dépôts ou-
» verts à la pauvreté empêche les autorités mu-
» nicipales d'exécuter rigoureusement les
» mesures répressives, ou même seulement
» les mesures d'ordre public qui devraient
» être appliquées. On peut dire que chaque
» localité tient une conduite différente envers
» les mendiants. Pendant que quelques villes,
» possédant des dépôts (1), continuent de

(1) « La répression de la mendicité n'est plus qu'une me-
» sure *locale*. Les dépôts ne sont aujourd'hui que des établis-
» sements municipaux où certaines cités populeuses et riches
» *enferment l'image dégoûtante des infirmités et de la hon-*
» *teuse misère*. Il n'existe aujourd'hui que les dépôts de la
» Seine à Saint-Denis et Villers-Cotterets ; de l'Aisne, à Laon ;
» de l'Arriège, à Saint-Lazier ; de la Haute-Vienne, à Li-
» moges ; du Jura, à Dôle ; et celui de la Charente-Inférieure.

» traiter la mendicité comme un délit, d'au-
» tres, et c'est le plus grand nombre, la per-
» mettent avec autorisation et même la tolèrent
» sans condition. Quant à toutes nos communes
» rurales, l'autorité laisse circuler librement,
» de porte en porte, le pauvre qui mendie.
» On ne lui demande ordinairemeut ni d'où il
» vient, ni où il va ; la besace et le bâton lui
» tiennent lieu de passeport. Les documents
» administratifs ne peuvent donc nous donner
» qu'une idée tout-à-fait incomplète de ce
» qu'est la misère en France. Ils peuvent tout
» au plus servir de point de départ, et comme
» de terme connu, pour essayer de détermi-
» ner conjecturalement l'étendue et la puis-
» sance du fléau dans notre société : c'est un
» problème compliqué dont la solution précise
» est impossible (1). »

Il revenait encore sur le même sujet en ces termes :

« Nous ferons observer que le chiffre d'in-
» digents que l'on peut obtenir par les résul-
» tats actuels de la statistique ne correspond
» nullement à toute la population française.
» *La plus grande partie des habitants du*
» *pays, la nation agricole, ne contribue*
» *presque pour rien au recrutement des hô-*

» Des établissements municipaux pour la mendicité ont été
» créés depuis 1828 à Lyon, Bordeaux, Toul, Angoulême,
» Angers, Nantes, etc. »

(1) *De la misère des Classes laborieuses*, tom. I, p. 241.

» *pitaux et des bureaux de charité. La mi-*
» *sère des campagnes échappe à toutes nos*
» *appréciations, elle reste à la condition la-*
» *tente.* Les villes seules et bourgs au-dessus
» de cinq mille âmes possèdent des hôpitaux
» et hospices, et ces établissements sont peu-
» plés en grande majorité par les habitants des
» localités où ils sont situés, en y comprenant
» une banlieue à peu près égale à leur popula-
» tion. Or les villes et bourgs au-dessus de
» cinq mille habitants ne comptent que pour
» cinq millions environ dans la population to-
» tale de la France (1). En doublant ce nom-
» bre, afin de tenir compte des indigents de
» la banlieue ou des campagnes voisines qui
» participent à la charité des hôpitaux, nous
» arrivons à peu près au tiers de la popula-
» tion de la France. C'est donc sur ce tiers
» seul que nous avons des données. Les deux
» autres tiers souffrent et meurent à do-
» micile sans participer aux secours offi-
» ciels (2). »

Eh bien! c'est cette lacune concernant l'indigence dans les deux tiers de la population de la France, que l'administration s'est mise enfin en devoir de remplir; et lorsqu'elle annonce par ses journaux que cette nouvelle branche de la statistique a révélé quatre mil-

(1) Exactement 5,041,302, suivant la *Statistique officielle de la France.*

(2) *De la misère des classes laborieuses*, tom. I, pag. 242.

lions de mendiants, nous ne croyons pas qu'elle ait donné ce chiffre au hasard.

Mais ce chiffre a-t-il donc tant droit de nous étonner, et ne devions-nous pas le pressentir?

Nous devions le pressentir, je le répète, par celui des indigents des villes.

Il y a en France 1,329 hôpitaux et hospices pour 40,000 communes. Le rapport de M. de Gasparin sur les hôpitaux et établissements de bienfaisance, rédigé en 1837 d'après les faits relatifs à 1833, constate que ces hôpitaux ont admis, dans cette année 1833, 425,029 individus appartenant à la classe indigente. Ce même rapport constate que les bureaux de bienfaisance, qui distribuent des secours à domicile aux indigents reconnus tels, ont assisté, pendant cette même année 1833, 695,932 individus. Le nombre des individus compris dans l'indigence officielle a donc été, en 1833, de 1,120,961.

Eugène Buret croit pouvoir en conclure une indigence *officielle* triple de ce nombre. Voici comment il raisonne : « Il n'est pas difficile, » dit-il, de voir que ce nombre n'est qu'un des » éléments de la misère réelle. En effet, ces » individus, admis au lit de l'hôpital, ou aux » secours des bureaux de bienfaisance, repré- » sentent un nombre au moins triple de véri- » tables indigents. A l'exception des enfants » trouvés, qui n'ont qu'une mère, tous les » pauvres secourus ont une famille, et parta- » gent par conséquent avec trois ou quatre

» autres individus, femmes, vieux parents et » enfants, les privations habituelles de la pau- » vreté, et les chances plus affreuses de l'ex- » trême misère. Le nombre de 1,120,961 as- » sistés, nous donnerait ainsi, en supposant » qu'un indigent officiel en représentât au » moins trois, une masse de population souf- » frante (3,362,883) qui serait à la population » totale comme 1 est à 9,673 (1). »

Mais il nous semble qu'en raisonnant ainsi, ce statisticien commet une erreur, relativement aux indigents secourus par les bureaux de bienfaisance. Le nombre officiel des indigents secourus à domicile n'est pas un nombre de ménages ou de familles, et comprend nommément tous les membres des familles secourues. Il est bien certain que tel indigent secouru, pour lui et pour son ménage, a une parenté qui peut et doit, dans presque tous les cas, être aussi pauvre que lui. Mais, si l'on ne veut pas sortir de l'indigence officielle bien constatée, il ne faut pas, sur ce point, sortir du chiffre de l'administration. L'induction d'Emile Buret n'est exacte que relativement aux enfants trouvés et aux malades des hôpitaux. Un enfant est déposé aux hospices : il est bien certain qu'au moins une autre personne que l'enfant, savoir la mère qui le dépose, participe à la charité officielle. Si elle le dépose, c'est un indice d'extrême misère,

(1) *De la misère des classes laborieuses*, tom. I, p. 247.

ou c'est un indice de prostitution. Or nous rangeons, avec M. Granier de Cassagnac, les prostituées parmi les indigents. Une fille publique, comme dit cet écrivain, est en général un prolétaire qui ne veut ou ne peut ni travailler, ni mendier, ni dérober, et qui se prostitue pour vivre. Nous ne ferons donc aucune erreur, du moins quant au classement que nous avons en vue, en prenant le chiffre des enfants trouvés comme représentant un nombre égal d'autres prolétaires indigents, répondant en général à la prostitution. Enfin, quant aux malades des hôpitaux, il est bien certain que chaque malade représente plutôt une famille qu'un individu. Un ouvrier entre à l'hôpital : que devient sa famille ? Elle vivait de son salaire ; ce salaire manque : que devient-elle ? Elle tombe dans l'indigence. Est-elle secourue par l'administration ? non. Qui la soutient donc ? La charité publique, c'est-à-dire les parents, les amis, les camarades, les voisins. *Les gueux, comme dit Béranger, sont les gens heureux : ils s'aiment entre eux.* Si l'Etat avait des entrailles, il est évident que le salaire de tout ouvrier malade à l'hôpital continuerait à être perçu par sa famille, et que, dans le cas de mort de cet ouvrier, sa famille ne serait pas abandonnée. Mais, puisqu'il n'en est pas ainsi, il faut bien admettre que chaque père de famille qui entre à l'hôpital remet sa famille à la charité privée. C'est du moins là ce qui arrive dans le plus grand nombre de cas. Toutefois, comme le nombre des ouvriers chargés de famille n'est qu'une partie du chiffre total des malades dans les hôpitaux, comme les mêmes individus ont pu être admis dans ces hôpitaux plusieurs fois pendant l'année, et comme plusieurs individus de la même famille ont pu dans la même année être secourus soit dans les hôpitaux, soit par les bureaux de bienfaisance, ne portons qu'à trois individus, au lieu de cinq, la famille représentée par chaque malade. Le paupérisme officiel déclaré représente, suivant ces suppositions :

1° Indigents secourus par les bureaux de bienfaisance, suivant le nombre officiel.	695,932
2° Indigents secourus dans les hôpitaux et hospices, suivant le nombre officiel.	425,029
3° Les mères des enfants trouvés (nombre pris pour supputation de la prostitution)	140,000
4° Les familles des malades entrés pendant l'année dans les hôpitaux et hospices (à 2 personnes seulement pour chaque malade) et déduction faite des enfants trouvés.	570,058
Total.	1,831,019

Les détenus renfermés soit dans les prisons,

soit dans les maisons de correction, soit dans les bagnes, ne sont pas compris dans ce nombre. Les forçats libérés, les repris de justice sous la surveillance de la police, n'y figurent pas non plus. La prostitution dans toute la France n'y est comprise qu'indirectement et fort incomplètement. Et pourtant voilà déjà près de deux millions d'indigents prenant une part directe ou indirecte dans le budget *officiel* du paupérisme.

Mais combien de familles assiégées par la misère ne se font pas inscrire sur les contrôles de charité! Combien ne sont secourues que par la charité particulière ou la charité religieuse!

Les bureaux de bienfaisance ne distribuent que de très faibles secours, dix francs en moyenne par année à chaque personne inscrite. N'est-il pas évident qu'un nombre immense d'indigents doivent rejeter ce faible soulagement, qui ne peut s'acquérir que par des formalités qu'ils regardent comme honteuses? Tout le monde sait la répugnance qu'une grande partie du peuple en France a pour les secours de la charité publique. Les deux à trois mille suicides annuels, dont plus de la moitié ont la misère extrême pour cause, indiquent cette répugnance.

Mais combien de malheureux aussi, n'étant secourus ni par la charité publique ni par la charité privée ou religieuse, s'abandonnent à la fatalité, et, méprisant la prison et le bagne, ont recours au vol ! Un voleur, dit M. Granier de Cassagnac, est un prolétaire qui ne veut ou ne peut travailler ni mendier, et qui dérobe pour vivre. Or 369,502 individus sont soumis annuellement à l'action de la justice, c'est-à-dire, en ne comptant que les jours où les tribunaux exercent leur juridiction, plus de 20,000 par journée de justice. Quelle est la somme que rapporte le vol dans les principales villes de France (1)? On l'ignore absolument; mais le nombre inconnu de ceux qui prennent part à ce butin devrait entrer dans la supputation des indigents des villes.

A part le vol, combien d'indigents dans les villes vivent de dettes qu'ils ne payent jamais! Ne voit-on pas continuellement, dans les quartiers pauvres, les propriétaires de maisons mettre à la porte leurs locataires insolvables? Tous les marchands, tous les fournisseurs, n'ont-ils pas une somme perdue à l'article de leurs crédits? Mais comment suivre toutes les formes que prend l'indigence pour éviter la mort! D'autres, enfin, méprisant les délais qu'ils pourraient devoir à la charité publique ou privée, se précipitent dans cette mort. Tout ce qu'ils peuvent se procurer passe en boissons alcooliques, et un écrivain récent évalue à 17,000 le nombre d'individus qui, à Paris,

(1) Suivant les Statistiques, les voleurs à Londres prélèveraient annuellement 25 millions de francs.

poussent l'habitude de l'ivrognerie jusqu'à l'abrutissement (1).

Remarquons en outre que le budget officiel du paupérisme de la population urbaine, tel que nous l'avons établi plus haut d'après le rapport de M. de Gasparin, se concentre plutôt sur une portion de cette population urbaine qu'il ne s'étend sur cette population tout entière. Il y a de fait une extrême inégalité dans sa répartition. La majeure partie en est absorbée par les grandes villes. En 1833, 72 villes seulement, comptant ensemble moins de 3 millions d'habitants et 184 hôpitaux, ont consommé plus des deux tiers de la subvention des 1,329 hospices et hôpitaux de la France (2).

Il n'y a donc nulle exagération à porter, comme l'a fait Emile Buret, quoique par d'autres raisons que les siennes, le nombre total des indigents de la population urbaine à quatre millions, c'est-à-dire au double du nombre des indigents qui prennent une part directe ou indirecte au budget officiel du paupérisme.

Mais ce chiffre n'a aucun rapport ni avec les dépôts de mendicité établis dans certaines villes, ni avec la mendicité générale du royaume. Dans ce budget officiel du paupérisme, il ne s'agit, comme le remarque fort bien Eugène Buret, que des hospices, des hôpitaux, et des

---

(1) *Des classes dangereuses dans la population des grandes villes*, par Frégier, pag. 34.

(2) Voyez l'ouvrage d'Emile Buret.

secours à domicile distribués dans les villes par les bureaux de bienfaisance. Il ne s'agit que de l'indigence dans un tiers de la population de la France. Il ne s'agit que du paupérisme des villes au-dessus de cinq mille âmes et de leurs banlieues, montant en totalité (villes et banlieues) à environ 10 millions d'habitants.

Or si la population urbaine, montant à 10 ou 12 millions, donne quatre millions d'indigents, pouvons-nous nous étonner que le reste de la population, montant à 23 ou 25 millions, donne 4 millions de mendiants?

CHAPITRE XV.

Suite.

Je sens que le lecteur peu habitué aux calculs de la statistique recule encore devant ces résultats, tout certains qu'ils soient. Quoi! dit-il, tant de pauvres, tant de mendiants, tant de misérables! Sommes-nous donc bientôt à l'état de l'Angleterre? Nous n'y sommes pas encore; mais, dans la voie où nous marchons à la suite de cette Angleterre, nous y arriverons immanquablement, et vite.

Il s'agit du paupérisme dans les villes et du paupérisme dans les campagnes.

Pour les villes, les statisticiens ont une manière, non pas de le calculer, mais de le pressentir, qui est on ne peut plus exacte, du moins quant aux supputations qu'elle fournit. C'est de prendre, lorsqu'ils peuvent l'obtenir de l'administration, le nombre des morts dans les hôpitaux et dans les prisons, et de le comparer à la totalité des décès.

A Paris, en moyenne, sur 25,000 décès, il y en a 10,000 dans les hôpitaux, dans les prisons, et à la Morgue.

J'ouvre l'*Annuaire du Bureau des longitudes* pour 1831, et j'y vois (page 87) que dans la ville de Paris le nombre des décès à domicile s'est élevé en 1830 à . . 15,664

et dans les hôpitaux, dans les prisons, et à la Morgue, à 12,202

Total des décès. . . 27,866

Le rapport entre les 12,202 décès et l'ensemble de la mortalité est *quarante-quatre et demi sur cent.*

Il est vrai que dans ce résultat les hôpitaux militaires se trouvent confondus avec les hôpitaux civils; et d'ailleurs l'année de la révolution des trois jours peut paraître une année exceptionnelle. Prenons en d'autres.

En 1833, les hôpitaux civils seuls, sans compter ni les prisons, ni la Morgue, ni les hôpitaux militaires, ont donné 10,916 décès.

En 1826, ces mêmes hôpitaux civils ont donné 9,034 décès sur un ensemble de mortalité de 24,000.

En 1838, sur 25,797 décès, on compte

8,275 décès aux hôpitaux civils, 109 dans les prisons, 271 à la Morgue, 1,384 dans les hôpitaux militaires. Voilà une année plus bénigne pour le paupérisme que les autres. Eh bien! quel résultat donne-t-elle? Défalcation faite des morts appartenant aux hôpitaux militaires, elle donne 8,655 décès dans les hôpitaux civils, les prisons, et à la Morgue, sur un ensemble de mortalité montant à 24,413. Le rapport est 2,82. Au compte de cette année bénigne, sur 282 habitants de Paris, 100 meurent à l'hôpital; ou, approximativement, *plus du tiers* des habitants de Paris finissent ainsi leurs jours.

L'année 1839 a donné une proportion un peu plus forte : 8,600 décès à l'hôpital sur 24,248.

L'année 1840 a donné une proportion encore plus forte : 9,807 sur 27,026.

Il n'en est pas sans doute des autres villes et bourgs comme de Paris. Mais, quelle que soit la différence, la totalité de la population urbaine présente une effrayante proportion de morts à l'hôpital. Eugène Buret a calculé cette proportion d'après les documents du rapport de M. de Gasparin; et il est arrivé à ce résultat que, *sur neuf individus habitant les villes et bourgs au-dessus de cinq mille âmes, il y en a un destiné à mourir à l'hôpital* (1).

---

(1) Voy. son ouvrage, liv. I, chap. II. Le rapport qu'il établit est même plus fort; ce rapport est de 1 : 8,94.

Or, si sur trois habitants de Paris et sur neuf membres de la population urbaine en général, il y en a un destiné à mourir à l'hôpital, il me semble qu'il faudrait être plus qu'incrédule pour ne pas admettre que sur neuf Français, en général, il y en a un condamné à la mendicité. Car, après le tribut de l'hôpital prélevé sur dix ou douze millions tout au plus, il reste vingt-trois ou vingt-quatre millions en dehors des hôpitaux et des bureaux de bienfaisance.

Qui ne comprend que si la condition de ces vingt-quatre millions ne payait pas aussi son tribut proportionnel à la misère, les pauvres gens des villes émigreraient bien vite aux champs, et déserteraient ces villes où tant d'hommes meurent de misère à l'hôpital !

CHAPITRE XVI.

Suite.

Les naissances dans les hôpitaux fournissent encore aux statisticiens une silhouette de cet horrible fléau du paupérisme, si difficile à embrasser, à cause de son étendue et de ses formes multiples. Car ils remarquent que si le tiers de ceux qui meurent à Paris meurent dans les hôpitaux, *le quart de ceux qui y nais-*

sent naissent dans ces mêmes hôpitaux (1).

Le nombre toujours croissant des enfants trouvés est pour eux un autre indice. De 40,000 qu'il était annuellement en 1789, ce nombre s'est élevé à plus de 140,000. Quand les gouvernants de la France, effrayés de cette multiplication, ont créé des entraves à l'abandon des enfants, au risque de multiplier les infanticides (ce qui est arrivé, quoi qu'ils en disent), quand ils ont pris Malthus pour saint, au lieu de Vincent-de-Paule, une des raisons qu'ils ont alléguées, c'est que « on voit souvent » des femmes mariées apporter leur enfant la » nuit, et se représenter ensuite le lendemain » pour le reprendre comme nourrices, afin de » recevoir l'indemnité de 8 fr. par mois qui est » allouée à celles-ci. » Ces grands hommes d'Etat ont supprimé la fraude : ont-ils supprimé l'horrible misère qui portait ces mères à commettre cette fraude ? Ces mères garderont leurs enfants, sans indemnité. Mais le compte se retrouvera toujours, et peut-être au double, au budget du paupérisme.

« La réunion des chiffres qui composent ce » budget du paupérisme, dit un écrivain, est » vraiment effrayante, puisque sans parler des » dépenses de justice et de police, des aumônes

(1) Naissances à domicile en 1830. . . . 23,065.
Naissances aux hôpitaux . . . . 5,522.

Total . . . . 28,587.

» particulières, des fonds consacrés aux salles
» d'asile, des écoles gratuites, etc., elle pré-
» sente un total de près de *quatre-vingt-dix*
» *millions*, qui se subdivise ainsi :

» Hôpitaux et hospices. . .	53,000,000
» Bureaux de bienfaisance.	10,316,000
» Enfants trouvés.	10,250,000
» Prisons.	13,000,000
» Total.	86,566,000 (1).

Mais il faut toujours se souvenir que ces quatre-vingt-dix millions du budget du paupérisme, fournis tant par les revenus fixes des hôpitaux que par des subventions locales et départementales, ou par les fonds généraux du budget (2), vont se perdre, sans le remplir aucunement (3), dans le gouffre du paupérisme des villes.

(1) Blanqui aîné, *Leçons d'économie industrielle*, tome II, page 150.

(2) Les revenus fixes des hôpitaux, qui étaient en 1789 de 18 à 20 millions de francs, s'élèvent aujourd'hui, par suite des donations, à 33 millions. Les hôpitaux reçoivent en outre 18 à 20 millions de subventions locales et départementales. Les bureaux de bienfaisance ont reçu, de 1814 à 1825, environ 24 millions de donations. Les enfants trouvés sont à la charge des départements, en dehors du budget. Les prisons sont entretenues par le budget, sur les fonds dits départementaux.

(3) Les secours que les bureaux de bienfaisance distribuent n'excèdent pas en moyenne, pour toute la population urbaine qui y prend part, dix francs par personne secourue. N'est-il pas évident qu'un grand nombre d'indigents aussi pauvres ou plus pauvres que les indigents secourus doivent négliger cette aumône ?

Les vingt-quatre millions de Français qui sont en dehors de cette population urbaine ont pour compensation la mendicité.

Napoléon écrivit un jour à son ministre de l'intérieur : « Il ne faut point passer sur cette » terre sans laisser des traces qui recomman- » dent notre mémoire à la postérité (1). » Et il lui ordonnait de préparer l'abolition de la mendicité. Il fut obéi ; c'est-à-dire qu'on fit une loi, qu'on fixa une pénalité, et qu'on ouvrit cinquante dépôts de travail qui dégénérèrent bientôt en maisons de peine. La Restauration vint, et l'œuvre de Napoléon fut détruite. Mais la mendicité a continué ; elle s'est accrue, comme tout le reste de la misère publique ; et il y a aujourd'hui en France quatre millions de mendiants.

CHAPITRE XVII.

Suite.

Pour suivre donc l'énumération si bien tracée par l'historien ou le Zoïle des classes ouvrières cité plus haut, trois de ses quatre catégories, *indigents* ou *mendiants*, *voleurs*, et *filles publiques*, fournissent, suivant toutes les

(1) Lettre de Napoléon au ministre Cretet, du 24 novembre 1807.

supputations les plus certaines, huit millions d'individus, savoir : quatre millions se rapportant principalement à la population des villes au-dessus de cinq mille âmes, et quatre millions se rapportant principalement à la population des bourgs et villages au-dessous de cinq mille âmes. Combien de gens ferment les yeux sur cette épouvantable vérité !

Nous lisons aujourd'hui dans le *Constitutionnel* un article où, après avoir retracé l'affreuse misère du peuple anglais, le rédacteur fait un retour sur la France, et conclut ainsi :

« Voilà ce qu'on ne trouve dans aucune de » nos villes manufacturières; voilà ce que » Lyon, Rouen, Saint-Etienne, n'ont pas à » déplorer. Paris, avec son million d'habi- » tants, ne présente dans la classe ouvrière » aucun de ces hideux spectacle qui soulèvent » le cœur, etc. (1). »

Les ploutocrates du *Constitutionnel* en parlent fort à leur aise ! Ils n'ont donc jamais lu les circulaires que les autorités des quartiers pauvres de Paris adressent chaque année aux âmes charitables. Ils les ont imprimées sans doute dans leur feuille, mais ils ne les ont jamais lues (2).

---

(1) Numéro du 5 septembre 1842.

(2) En voici un extrait, pour l'instruction du *Constitutionnel* :

« Quinze mille indigents, qui présentent le hideux et dé- » chirant spectacle de la misère la plus cruelle, réclament » chaque jour du pain, du bois, des vêtements, et des secours

Ils n'ont donc jamais réfléchi que si le tiers de la mortalité à Paris a lieu dans les hôpitaux, c'est qu'il y a à Paris un indigent véritable sur trois habitants. Croient-ils qu'on va mourir à l'hôpital pour son plaisir, ou s'imaginent-ils que ceux qui vont ainsi mourir à l'hôpital le font pour ménager leurs économies?

Logés qu'ils sont à la chaussée d'Antin, ils n'ont donc jamais visité seulement la place Maubert.

Ils ignorent que dans le douzième arrondissement, par exemple, on meurt plus de deux fois aussi vite que dans le deuxième.

» médicaux de toute espèce. Relégués dans des rues mal aé-» rées, dans des réduits sombres et malsains, *ces infortunés* » *sont, pour la plupart, des vieillards et des enfants*, qui, » aux deux extrémités de la vie, offrent ainsi *l'image de tous* » *les maux qui affligent l'humanité*. Le douzième arrondisse-» ment, si fécond en misères de toute espèce, et dans lequel » il faudrait dépenser six mille francs par jour pour donner » seulement un pain bis de quatre livres à chaque pauvre, » n'a dans son sein que des ressources très exiguës pour faire » face à tant de besoins, etc. » (Circulaire des autorités du 12e arrondissement en 1835.)

« La population du douzième arrondissement, qui s'élève » à environ quatre-vingt mille habitants, compté dans ce » nombre près de vingt-quatre mille personnes inscrites sur » les contrôles, et qui sont dans la misère la plus affreuse. » *Ce sont, pour la plupart, de malheureux ouvriers, chargés* » *de famille, et des vieillards*, que le bas prix des logements » fait refluer, sur la fin de leur carrière, de tous les quartiers » de Paris dans le nôtre. Cette population si malheureuse » manque de pain et de vêtements; beaucoup sollicitent » comme une faveur *quelques bottes de paille* pour se cou-» cher, et les ressources ordinaires du bureau de bienfai-» sance ne permettent pas même d'accorder *deux livres de* » *pain par mois* à chaque indigent. » (Circulaire de 1831.)

Ils ignorent que l'administration elle-même déclare un indigent sur douze habitants à Paris. Mais il s'agit d'indigents secourus par les bureaux de charité ; les hôpitaux et les prisons fournissent encore d'autres secours.

Ils ignorent que dans les quartiers pauvres ce n'est plus un indigent secouru sur douze habitants que l'on déclare officiellement, mais un sur six.

Ils ignorent que dans le département du Nord on compte, comme dans ces quartiers pauvres de Paris, un indigent officiel sur six habitants ; dans le Rhône un sur neuf, etc.

Ils supposent que nos villes manufacturières présentent, comme leur Paris à eux, un ravissant spectacle. Ah ! ils n'ont jamais vu nos villes manufacturières (1).

---

(1) « Si vous voulez savoir, dit le docteur Guépin en parlant de la ville de Nantes, comment une famille d'ouvriers » se loge et se sustente, entrez dans une de ces rues où nos » travailleurs se trouvent parqués par la misère, comme les » Juifs l'étaient au moyen-âge par les préjugés populaires » dans les quartiers qui leur étaient assignés. Entrez en baissant la tête, dans un de ces cloaques ouverts sur la rue » et situés au-dessous de son niveau. L'air y est froid et humide, comme dans une cave. Les pieds glissent sur le sol » malpropre, et l'on craint de tomber dans la fange. De » chaque côté de l'allée, qui est en pente, et par suite au-dessous du sol, il y a une chambre sombre, grande, glacée, » dont les murs suintent une eau sale, et qui ne reçoit l'air » que par une méchante fenêtre, trop petite pour donner » passage à la lumière, et trop mauvaise pour bien clore. » Poussez la porte et entrez plus avant, si l'air fétide ne vous » fait pas reculer. Mais prenez garde, car le sol inégal n'est » ni pavé ni carrelé, ou au moins les carreaux sont recouverts

Ils ignorent que les probabilités de vie, qui sont, pour les enfants de négociants et de gens aisés, de 29 ans environ, ne sont que de *deux ans* pour les enfants de l'industrie cotonnière.

Ils parlent de Lyon, de Saint-Etienne : ils ne se rappellent donc pas que deux fois Lyon et Saint-Etienne se sont soulevés pour les salaires depuis dix ans (1).

» d'une si grande épaisseur de crasse qu'il est impossible de » les voir. Ici deux ou trois lits raccommodés avec de la fi» celle qui n'a pas bien résisté ; ils sont vermoulus et pen» chés sur leurs supports. Une paillasse, une couverture for» mée de lambeaux frangés, rarement lavée, parcequ'elle est » la seule ; quelquefois des draps et un oreiller : voilà le de» dans du lit. Quant aux armoires, on n'en a pas besoin » dans ces maisons. Souvent un rouet ou un métier de tisse» rand complètent l'ameublement. Aux autres étages, les » chambres plus sèches, un peu plus éclairées, sont également » sales et misérables. C'est là, souvent sans feu l'hiver, et le » soir à la clarté d'une chandelle de résine, que des hommes » travaillent. *Ils travaillent quatorze heures par jour pour » un salaire de quinze à vingt sous.* Les enfants de cette » classe, jusqu'au moment où ils peuvent, moyennant un » travail pénible et abrutissant, augmenter de quelques liards » la richesse de leurs familles, passent leur vie dans la boue » des ruisseaux. Pâles, bouffis, étiolés, les yeux rouges et » chassieux, rongés par des ophthalmies scrofuleuses, ils font » peine à voir. On les dirait d'une autre nature que les enfants » des riches. »

Tous ceux qui ont visité les quartiers pauvres des grandes villes reconnaîtront qu'il n'y a rien d'exagéré dans cette description. Quand le choléra, en 1832, ouvrit aux médecins, en plus grand nombre qu'à l'ordinaire, les tristes repaires de la classe ouvrière, ils furent épouvantés.

(1) Nous aimons à citer quelques belles paroles de M. Jules Fabre sur le sort de l'ouvrier lyonnais :

« Qu'est-ce pour le compagnon qu'une journée de un » franc, ou un franc cinquante centimes, ou même deux » francs, quand il faut subvenir à toutes les nécessités de la

Ils parlent de la prostitution dans les villes manufacturières d'Angleterre; et ils imprimaient la veille dans leur journal une lettre du

---

» vie, lorsque de lourdes impositions frappent les objets les » plus indispensables !... Je sais que la fabrication des étoffes » riches est plus productive; mais elle n'occupe qu'un fort » petit nombre d'ouvriers. La misère des ouvriers est donc » prouvée par chiffres; je viens de la compter en francs et » centimes: on ne m'accusera pas de déclamations. Mais » peut-on sans douleur traduire ces chiffres par leurs con» séquences, et voir à quelle dure existence sont condamnés » des hommes qui sont nos égaux et nos frères! Si je disais » que chaque année la fabrication des tissus qui font notre » richesse flétrit par milliers de jeunes et florissantes vies, » que de robustes organisations viennent s'étioler et sécher de » fatigue pour produire à bas prix, consumant en quelques » jours de privations et de travail les forces que Dieu leur » avait données pour un plus long et meilleur emploi, qui » n'unirait sa voix à la mienne pour réclamer énergiquement » une modification à la constitution qui tolère et nécessite » de si odieux sacrifices? Et cependant ce n'est là qu'une » faible partie du mal. Quand la faim et la peine ont creusé » le tombeau du pauvre travailleur, la société n'y prend » garde; elle a toujours un coin de terre, un fossoyeur, et » un prêtre. Mais il est quelque chose de pis que la mort, que » la mort hideuse de l'hôpital; c'est la corruption s'étendant » sur ce qu'on laisse sur la terre. Je ne parle plus de l'ouvrier, » je parle de ses filles. On les accuse d'inconduite! D'incon» duite, grand Dieu! lorsqu'on profite des privations aux» quelles les condamne la modicité du salaire pour rendre » plus enivrantes les séductions dont on les entoure, lorsqu'on » spécule sur leur misère pour souiller leur innocence et pro» faner leur beauté! Et c'est là pourtant la vie de tous les » jours! Si je n'avais été témoin de ces honteuses stipulations, » de ces viols arrachés à la pudeur par la faim, je n'y croi» rais pas. Mais j'ai entendu. Et l'on veut que je ne demande » pas hautement qu'on mette un terme à tant de turpitudes, » à ces exploitations lubriques du plus fort, en donnant à » l'ouvrier un salaire qui assure son indépendance. Oh! non, » je ne le puis. » (*De la coalition des chefs d'atelier de Lyon*, par Jules Fabre, avocat. 1833.)

commissaire de police de Roubaix, dans laquelle ce fonctionnaire, pour justifier sa conduite dans les troubles de cette ville, dit : « Il » faut qu'on sache qu'il existe à Roubaix, *ainsi* » *que dans toutes nos villes de fabriques*, une » foule de maisons où la prostitution s'exerce » clandestinement, et qui sont fréquentées le » soir par un très grand nombre de jeunes » ouvrières après le travail de la journée. »

Le *Constitutionnel* ignore même peut-être qu'il existe des mendiants en France. Il est vrai que quand un mendiant se présente sur le boulevard Montmartre, les agents de police le conduisent en prison. Puis le tribunal le condamne, contrairement à toute justice; car la mesure générale des ateliers de travail ordonnés par Napoléon étant sans exécution, la loi sur la mendicité est abolie de droit, et devrait l'être de fait. On avait conclu un traité avec les pauvres, on avait dit aux mendiants : La société vous donnera du travail : à cette condition, vous ne mendierez plus; et si vous mendiez, vous serez punis. On ne donne pas de travail, et on punit!

Mais qu'importe au *Constitutionnel* qu'un jour Napoléon, épouvanté du nombre de mendiants, ait écrit à son ministre : « Il ne faut » point passer sur cette terre sans laisser des » traces qui recommandent notre mémoire à » la postérité. » Napoléon n'était pas un déclamateur prodiguant l'éloquence hors de propos; il n'aurait pas fait cette belle phrase, si l'œuvre eût été une œuvre de pygmée; il n'aurait pas levé la massue d'Hercule, si l'hydre qu'il voulait combattre n'en eût pas valu la peine. Mais qu'importe, dis-je, au *Constitutionnel?* La logique de ce journal ne va pas jusqu'à conclure que la pensée de Napoléon étant restée sans exécution, la mendicité existe encore, et a dû prodigieusement s'accroître depuis 1807. Car, certes, ce n'est pas là un mal qui pouvait s'éteindre de lui-même; et chacun sait que si les conseils-généraux de la Restauration ont voté pour l'abolition du plan impérial, c'est qu'ils en jugeaient la réalisation chimérique, tant ce mal était déjà grand. Aujourd'hui les villes se défendent contre l'armée envahissante des mendiants. Allez à Bordeaux, à Limoges, etc.; vous lirez sur un poteau cette sage inscription : *La mendicité est interdite dans la commune de Bordeaux.* Mais la commune de Bordeaux, ainsi protégée par son inscription et ses gendarmes, fait-elle que la mendicité n'existe pas? La mendicité devient vol dans la commune de Bordeaux, dans sa banlieue, dans ses vignobles; et, outre la commune de Bordeaux et les autres communes qui ont planté, comme elle, ce *paratonnerre*, il y a presque tout le territoire de la France où la mendicité circule librement.

Le *Constitutionnel* se distrait peut-être quelquefois de ses travaux politiques en assistant aux courses princières de Chantilly. Qu'il se détourne d'un quart de lieue, et il pourra voir de véritables *troglodites* en France. Oui, des *troglodites*, comme les sauvages habitants du globe avant l'invention des maisons! Qu'il visite un des villages encadrés avec art dans le point de vue du parc, il se convaincra par lui-même qu'auprès des palais se trouvent d'horribles misères. Il rencontrera sous le sol, enfouie dans des carrières, une affreuse population qui n'a pas d'autre profession que la mendicité. Mais quoi ! ce spectacle est-il donc si rare? Partout où la pierre, se taillant aisément, peut donner lieu à des habitations, des mendiants s'y logent, et, de ces cavernes que leur fournit la nature meilleure pour eux que la société politique, ils se répandent, à jours fixes, dans les marchés des bourgs et dans les villages.

Que le *Constitutionnel* se donne la peine de jeter les yeux sur la *Statistique officielle de la France;* il y verra qu'outre les six ou sept millions de maisons et bâtiments imposables, le fisc, ce fisc impitoyable, en reconnaît lui-même environ cent mille non imposables. Cent mille maisons ou cabanes qui ne sont pas imposables, qui ne rapportent pas même au fisc les 75 centimes des cabanes des paysans corses! Qui habite donc dans ces cent mille maisons privilégiées? apparemment des mendiants.

CHAPITRE XVIII.

Suite.

Il y a une réflexion bien simple que ces savants publicistes devraient faire, et qu'ils ne font pas.

Ils disent que l'Angleterre est sur des charbons ardents, mais que la France est sur des roses : comment cela se peut-il, puisque nous suivons la même voie économique et industrielle que l'Angleterre?

A priori, il est évident que le paupérisme français doit être égal au paupérisme anglais, sinon pour l'intensité de la misère, du moins pour le nombre des indigents.

Comment, en effet, n'en serait-il pas ainsi? La population manufacturière de la France, ou ce qu'on appelle de ce nom (car on comprend dans cette évaluation non seulement les ouvriers qui peuvent vivre par l'industrie, mais encore ceux qui n'en peuvent pas vivre), est presque égale en nombre à celle de l'Angleterre (1). Or l'industrie anglaise a des dé-

(1) La différence n'est que de 240,000, suivant les statisticiens. Ils évaluent la population manufacturière de la France à 9,435,000, et celle de l'Angleterre à 9,675,000. Voyez l'ouvrage de M. Dutens que nous citons plus loin.

bouchés plus considérables que la nôtre. On calcule qu'elle pourrait à elle seule approvisionner le monde entier de ses produits, et en fait elle approvisionne, pour la fabrication du fer et des tissus de coton, une grande partie du globe. N'est-il pas évident qu'en France une population manufacturière égale, n'ayant pour débouché que la France et un commerce extérieur qui n'est pas la moitié de celui de l'Angleterre, doit avoir des pauvres en grand nombre, puisque l'Angleterre en a tant dans sa population industrielle?

Il est bien entendu qne nous laissons de côté l'Ecosse et l'Irlande, nous ne parlons que de l'Angleterre.

On compte, il est vrai, en Angleterre environ 1,200,000 pauvres secourus officiellement (1); en France, 700,000 seulement. On en tire cette conséquence : La France a près de trente-cinq millions d'habitants, l'Angleterre n'en a que seize; donc le paupérisme anglais est hors de toute proportion avec celui de la France. Mais c'est fort mal raisonner. Car la population agricole de l'Angleterre n'étant que de quatre millions, le paupérisme anglais porte principalement sur dix millions de population manufacturière. Or la France a également près de dix millions de population manu-

(1) En Angleterre, en 1831, on comptait 1,276,620 individus secourus. Un tableau dressé par M. de Gérando, d'après des documents publiés en 1821, donne 881,000 pauvres sur une population de 12 millions.

facturière, et c'est uniquement dans cette population que se trouvent les 700,000 individus secourus. Supposons que, sur les 1,200,000 individus secourus en Angleterre, 200,000 se rapportent aux quatre millions composant la population agricole. Il restera un million d'individus secourus sur 10 millions de population manufacturière. La base sur laquelle porte le paupérisme officiel dans les deux nations étant la même, le rapport du paupérisme officiel anglais au paupérisme officiel français serait donc seulement comme un million est à sept cent mille, ou comme 10 : 7. Mais l'utilité et la nécessité de se faire enregistrer sur les contrôles de l'indigence sont dix fois plus grandes en Angleterre qu'en France.

En Angleterre, l'indigent ne peut pas végéter et mourir de langueur : il faut qu'il meure vite, ou qu'il soit secouru. L'impôt en Angleterre est calculé à 100 francs par tête, presque au triple de ce qu'il est en France. Comment voulez-vous que sous la loi de cet impôt l'indigent vive, s'il n'est secouru? Est-ce que les classes pauvres en Angleterre peuvent végéter avec quatre ou cinq sous par tête en moyenne, comme ces mêmes classes en France? Allez donc voir en Angleterre ce qu'on peut se procurer avec *deux pences*. Aussi le secours officiel que l'on accorde aux indigents en Angleterre est-il plus que vingtuple de celui qu'on leur décerne en France. Avant le nouveau système de charité établi en 1834, la taxe paroissiale payée en argent était de 250 millions. 250 millions pour 1,200,000 indigents, c'est 208 francs par tête. En France le secours officiel est de 10 francs.

Donc si, pour les 10 milions de population manufacturière qui se trouvent également dans les deux pays, l'Angleterre a un million de pauvres légalement secourus, tandis que la France n'en a que sept cent mille, il est absurde d'en conclure que la France compte moins d'indigents que l'Angleterre. Il faudrait, au contraire, en conclure qu'elle en a beaucoup plus, puisque ce qui n'est pas possible en Angleterre, l'indigence non déclarée, est possible en France, et que néanmoins le nombre des indigents déclarés en France approche déjà fort du nombre de ces mêmes indigents déclarés en Angleterre.

Voici en réalité ce qui arrive. La France, sur treize millions de population industrielle, compte neuf à dix millions de population dite manufacturière. Mais, par la raison toute simple qu'elle fabrique moins que l'Angleterre (1), elle a plus d'indigents que l'Angleterre. Et en effet il est impossible, comme nous le verrons tout-à-l'heure, d'élever à plus de deux ou trois

(1) Je sais que quelques statisticiens élèvent la production industrielle en France au niveau et même au-dessus de celle de l'Angleterre. Mais quand on réfléchit que l'industrie anglaise travaille sur un milliard et demi d'importations, outre les matières premières tirées de son sol, la supposition paraît peu probable.

millions la partie de cette population manufacturière régulièrement entretenue de salaires, sans tomber ni dans le vol, ni dans l'indigence, ni dans la mendicité. L'Angleterre, qui, avec la même population ouvrière, fabrique davantage, a moins d'indigents réels, parcequ'elle a plus d'ouvriers occupés. Mais ceux qui ne le sont pas tombent dans une misère si extrême, que les secours officiels deviennent d'une nécessité absolue. De là le nombre supérieur de l'indigence *officielle* en Angleterre.

Si tout-à-coup en France le pain, la viande, le vin ou les boissons qui le remplacent, le chauffage, et toutes les choses de première nécessité, venaient à être aussi rares et à coûter aussi cher qu'en Angleterre, on verrait à l'instant même ce que le plus simple bon sens indique, à savoir qu'une population industrielle moins occupée qu'une autre population industrielle égale doit compter plus de pauvres.

Supposons néanmoins que, vu les limites apportées en Angleterre au paupérisme officiel par tant de difficultés qu'on lui oppose incessamment, le nombre des indigents de ce pays qui ne parviennent pas à se faire inscrire soit comparativement égal à celui des indigents véritables non recensés en France. Il faudra toujours tenir compte, dans le parallèle, de la misère occulte des deux tiers de la France, c'est-à-dire de la mendicité.

La comparaison exacte entre les deux pays

ne peut donc se faire, dans tous les cas, qu'en ajoutant aux 700,000 individus secourus dans les villes les 4 millions de mendiants de la population générale. A ce compte, voici le parallèle :

En France 4,700,000 indigents ou mendiants sur 34 millions et demi.

En Angleterre 1,600,000 indigents ou mendiants (1) sur 16 millions.

Le rapport pour la France est 7,40 ; pour l'Angleterre, 10.

C'est-à-dire qu'en France, sur sept à huit habitants, il y a un indigent officiel ou mendiant tandis qu'en Angleterre il n'y en a qu'un sur dix.

Voilà la misère officielle. Quant à la misère réelle, nous ne savons ce qu'il en est pour l'Angleterre ; mais la vérité est qu'en France il y a un indigent réel sur quatre ou cinq habitants. C'est le rapport que donne la mortalité dans les hôpitaux des grandes villes comparée à la mortalité à domicile. C'est le rapport vrai de l'indigence, vrai pour la population des villes et bourgs au-dessus de cinq mille âmes, vrai encore pour la population des villages.

C'est donc abuser cruellement de ce que notre ciel est plus clément que celui de l'An-

---

(1) L'Angleterre compte fort peu de mendiants, 400,000 pour toute l'Angleterre. Voy. Blanqui, *Leçons*, etc., tom. II, pag. 125.

gleterre, et de ce que notre territoire, par la nature de ses productions, permet à l'indigent de se traîner plus lentement vers la mort, que de raisonner sur ce sujet comme raisonne le *Constitutionnel*.

Si le *Constitutionnel* s'imprimait à Naples, il serait de force à nier l'existence des *lazzaroni*. Les *lazzaroni* ne figurent sur aucun budget officiel du paupérisme.

CHAPITRE XIX.

Quatre millions de salariés sans aucun titre de propriété quelconque.

Laissons le *Constitutionnel* et son candide optimisme. Passons aux ouvriers ou salariés qui ne meurent pas à l'hôpital et ne vivent pas dans la mendicité.

Il n'y a non plus aucune exagération à porter à quatre millions le nombre des ouvriers ou salariés sous divers titres, hommes, femmes, enfants, employés soit au travail des manufactures, soit au travail agricole, soit au commerce, soit à l'administration et aux divers services de l'Etat, dans toute l'étendue de la France, qui, sans être réduits ni à l'indigence, ni à la mendicité, ne vivent absolument que de salaires.

Avant la Révolution on portait à un peu plus de deux millions le nombre de salariés, sans aucune propriété, employés dans l'industrie, c'est-à-dire dans ce qu'on appelait alors les métiers et les manufactures (1). Depuis 1789, l'industrie, il est vrai, a pris un immense développement ; mais les huit millions de mendiants et d'indigents que nous avons déjà classés sont, pour ainsi dire, le *càput mortuum* de cette industrie véritablement féroce dans son aveuglement, puisque, sujette à des crises toujours répétées, elle crée des hommes, et les abandonne sans pitié et sans remords à un destin inévitable. Il faut considérer aussi que les machines sont intervenues, et ont largement fait leur part. D'un côté, donc, les machines, de l'autre, la mendicité et l'indigence, expliquent comment on peut encore aujourd'hui ne porter qu'à deux millions le nombre des employés de l'industrie manufacturière ou commerciale vivant régulièrement de salaires.

Mais l'industrie agricole fournit à son tour au moins un demi-million de prolétaires jouissant de la même condition, indépendamment de ce qu'elle compte aussi de mendiants et d'indigents, qui participent irrégulièrement aux travaux de la campagne. Ce nombre, dis-je, de prolétaires agricoles sans aucune propriété, ni

---

(1) Voyez le tableau dressé par Lavoisier en 1790, et le Mémoire sur le commerce et les colonies de la France cité dans la Statistique d'Herbin.

par eux-mêmes ni par leurs familles, ne saurait être moindre. En effet, tout le midi de la France est encore sous le système du métayage ; le fermage y est inconnu ; et le fermage d'ailleurs, employe des valets et de simples manœuvres.

On porte à cinq ou six millions le nombre total des aides de l'agriculture ; mais la plupart appartiennent à des familles qui possèdent en propriété soit une cabane, soit une parcelle de terre, et qui figurent à ce titre sur les registres de l'impôt foncier. Nous ne nous en occupons pas ici ; car nous ne supputons ici que les familles vivant uniquement de salaires. Mais on ne peut pas supposer que sur ces six millions d'aides de l'agriculture, il n'y en ait pas au moins un demi-million dans ce cas.

Les professions dites libérales, la classe des fonctionnaires publics, le clergé, l'armée, la marine, la domesticité dans les villes, ne peuvent pas, à leur tour, donner moins d'un million et demi de salariés placés absolument dans la même condition, c'est-à-dire n'ayant aucune propriété foncière, aucun capital, et ne vivant que d'un salaire, qui, à la vérité, est assuré, et les exempte de l'indigence.

Nous ne croyons donc pas exagérer en portant à quatre millions le nombre des prolétaires salariés qui ne possèdent aucune propriété, sans être pour cela ni mendiants ni indigents.

Voilà donc déjà un ensemble de douze millions, composés de mendiants, d'indigents, et de salariés.

Maintenant nous allons prendre les registres de l'impôt foncier, pour le surplus de la population, c'est-à-dire pour les vingt-deux millions de propriétaires de M. de Rambuteau.

CHAPITRE XX.

Preuves.

Toutefois, avant de passer aux cotes de la contribution foncière, arrêtons-nous encore un instant sur ces quatre millions sans propriété, et vivant de salaires, que nous venons de supputer. On nous accuserait sur ce point de raisonner à la légère, si nous n'ajoutions pas quelques preuves.

On vient de voir que nous composons ainsi ces quatre millions de salariés :

Un million et demi d'ouvriers de la population dite manufacturière, vivant assez régulièrement de salaires pour ne pas tomber dans l'indigence ;

Un demi million de marchands ou employés du commerce intérieur et extérieur jouissant de la même condition ;

Un demi million d'aides de l'agriculture n'appartenant pas aux familles agricoles qui figurent sur les registres de l'impôt foncier, et vivant de même assez régulièrement de salaires pour ne pas tomber dans la mendicité ;

Enfin, un million et demi fourni par les professions dites libérales, la classe des fonctionnaires publics, le clergé, l'armée, la marine, la domesticité dans les villes.

Pour mieux démontrer l'existence ou le nombre de cette dernière catégorie de salariés, rangeons la population urbaine, ou plutôt la population non agricole, en différents groupes, laissant de côté la classe ouvrière proprement dite et les gens qui vivent de leur revenu.

Premier groupe. — L'armée, que l'on peut considérer comme une masse séparée d'une façon permanente des familles où elle se recrute, donne. . . . . . 300,000 individus.

La marine militaire. .	50,000
Le clergé.	36,000
Les douaniers et autres agents de la perception des impôts	50,000
Total.	436,000 individus.

Deuxième groupe. — M. Dutens, dans un ouvrage où il a consigné le résultat de laborieuses recherches (1), fait monter le nombre des domestiques employés au service de la po-

(1) *Essai comparatif sur la formation et la distribution du revenu de la France en* 1815 *et* 1835, par J. Dutens, membre de l'Académie des sciences morales et politiques de l'Institut, ancien inspecteur général des ponts-et-chaussées.

pulation industrielle ou des familles riches qui habitent les villes, à. . . 600,000 individus.

Troisième groupe. — Le même auteur estime la marine marchande et la grande et petite pêches, compris femmes et enfants, à environ. . . . . 300,000 individus.

Il calcule que le nombre des employés aux transports et aux débarquements pour le commerce intérieur, ou extérieur, s'élève, compris femmes et enfants, à. . 280,000

Total. . . . . . 580,000 individus.

Quatrième groupe. — M. Dutens porte le nombre des entrepreneurs de travail, y compris femmes et enfants, à. . . . . 170,000 individus.

Et le nombre des armateurs, familles également comprises, à. . . 64,000

Total. . . . . . 234,000 individus.

Cinquième groupe. — Il calcule le nombre des vendeurs ou marchands, avec leurs commis et leurs familles, à. . . 624,000 individus.

Et le nombre des employés au service du commerce extérieur, à titre de commis, de vérificateurs, d'assureurs, etc., toujours avec leurs familles, à. 64,000

Total. . . . . . 688,000 individus.

Sixième groupe. — Quant aux professions dites libérales, savants, hommes de lettres, architectes, médecins, avocats, peintres, musiciens, hommes d'affaires, hommes de lois, etc., il estime qu'elles donnent 45,000 familles de quatre personnes, ou. . . . . 180,000 individus.

Enfin les 30,000 fonctionnaires publics supérieurs des divers ministères de l'Etat représentent, à quatre personnes également par famille. . 120,000

Total. . . . . . 300,000 individus.

Que l'on examine attentivement ces diverses catégories, et l'on verra qu'elles embrassent sans exception tous les genres de professions et de métiers qui se remarquent dans la population urbaine ou industrielle, abstraction faite des ouvriers proprement dits, des indigents, des voleurs, des filles publiques, des malades dans les hôpitaux et hospices, et des bourgeois vivant de leur revenu.

Cette remarque faite, voyons ce que les différents groupes que nous avons distingués nous donnent approximativement de vrais salariés.

Le *premier groupe,* composé des soldats, des marins, des douaniers, et de la milice du clergé, peut être considéré en masse comme étant dans cette condition.

Le *second groupe,* celui des domestiques, est dans le même cas.

Le *troisième groupe* se compose des familles appartenant à la marine marchande, à la grande et petite pêches, et des familles de voituriers, de caboteurs, de forts des ports, etc. Il est évident qu'une certaine proportion de ces familles doit figurer sur les registres de l'impôt foncier à titre de propriétaires de maisons. Un grand nombre des pêcheurs du littoral, par exemple, possèdent leur cabane. Néanmoins nous porterons la totalité de ce groupe au chiffre des salariés.

Mais par compensation nous supposerons que le *quatrième groupe* tout entier ne doit pas entrer dans ce chiffre. Il se compose des entrepreneurs de travail et des armateurs. Presque tous ces chefs de l'industrie doivent se retrouver pour nous plus tard sur les registres de l'impôt foncier.

Quant au *cinquième groupe,* celui des marchands en détail et employés du commerce intérieur et extérieur, nous ne devons pas le faire entrer ici dans notre calcul; mais nous ferons remarquer que le chiffre donné par M. Dutens, qui élève cette classe à 688,000 individus, confirme la supposition que nous avons faite d'un demi-million de salariés donnés par cette classe seule.

Enfin, pour le *sixième groupe*, celui des professions libérales et des hauts dignitaires de l'Etat, nous supposerons que les salariés sans propriété foncière y sont en même nombre que les propriétaires fonciers.

Cela posé, voici ce que les six groupes nous donnent de salariés :

Premier groupe	436,000
Deuxième groupe.	600,000
Troisième groupe.	580,000
Quatrième groupe	000,000
Cinquième groupe	000,000
Sixième groupe	150,000
Total. . .	1,766,000

Ce résultat confirme amplement ce que nous avons supposé. Car si à ce nombre de 1,766,000 nous ajoutons un million et demi d'ouvriers vivant régulièrement de salaires sans tomber dans l'indigence, plus le demi-million de débitants et vendeurs de tous genres, plus enfin un demi-million d'aides de l'agriculture vivant également de salaires réguliers sans tomber dans la mendicité, nous aurons plutôt cinq millions que quatre.

Nous croyons en effet qu'en dehors des cotes de l'impôt foncier, il y a, non pas douze, mais treize millions de Français, ou plus encore. Nous croyons que M. de Rambuteau et les statisticiens qui ont calculé comme lui se trom-

-pent, lorsque, des dix millions de cotes de l'impôt foncier, ils concluent *vingt-deux à vingt-cinq millions* de participants à cette propriété foncière. Ou ils ne comptent pas assez de cotes par propriétaire, ou ils évaluent la famille dans ces classes à un chiffre trop élevé. Mais comme nous ne voulons rien changer à leurs bases sous ce rapport, nous supposerons que les prolétaires non-inscrits sur les registres de la propriété foncière ne s'élèvent qu'à douze millions.

Il est temps maintenant de prendre la grande charte de la propriété, c'est-à-dire les registres sacro-saints de l'impôt foncier.

CHAPITRE XXI.

Dix-huit millions de prolétaires ayant leur logement assuré.

A 2 cotes 1/5 pour un propriétaire, ce qui est l'estimation que font les statisticiens un peu moins téméraires que M. de Rambuteau (1), et à 5 personnes par famille, les *huit millions de cotes de* 5 *francs* 95 *centimes, en moyenne*, donnent dix-huit millions d'individus ayant un revenu de dix-huit francs.

---

(1) Nous avions négligé dans les premiers chapitres cette fraction de 1/5, pour suivre l'impétueux M. de Rambuteau dans ses supputations approximatives.

Nous avons prouvé que cette masse est composée de véritables Prolétaires. La possession d'une cabane ou d'un hectare de terre est l'apanage de cette classe. En moyenne, s'ils ont une cabane, ils n'ont pas de terre; s'ils ont de la terre, ils n'ont pas de cabane : cela est évident, puisque leur revenu net n'excède pas 18 francs.

En combinant les recherches de M. de Chateauvieux avec les recherches directes des agents du fisc, il faudrait supposer que sur ces dix-huit millions de prolétaires agricoles, un million et demi possédent une cabane, tandis que seize millions et demi en posséderaient l'équivalent en terre. Cela revient toujours à posséder son logement assuré, et rien de plus.

Nous avons fait remarquer, en outre, que cette propriété peut être fictive, les dettes du Prolétaire propriétaire absorbant en réalité son vain titre de propriété. Nous avons expliqué la source de l'avidité de posséder ou de paraître posséder des habitants des campagnes, et le triste résultat de cette avidité pour le plus grand nombre.

Ces dix-huit millions, donc, bien qu'ils possèdent ou paraissent posséder une portion considérable des maisons ou du sol de la France (considérable à cause de leur nombre), ne sont en réalité que des locataires déguisés, s'il s'agit de la pauvre cabane qui paye au fisc en moyenne 5 francs 95 centimes d'impôt, ou des fermiers déguisés (mais quels fermiers !), s'il s'agit d'un hectare de terre (1). Tout le monde convient que cette petite propriété endettée et sans avances est une des causes de l'infériorité de notre agriculture, comparée à celle de plusieurs Etats voisins. Puisque le mal est si bien connu, et qu'on en signale si bien la cause, comment ne rougit-on pas de sacrifier toute vérité à la comédie politique, en transformant en Propriétaires de véritables Prolétaires? . .

Les grands seigneurs d'autrefois, les propriétaires féodaux, avaient pour coutume d'abandonner des terres à leurs serfs, à la charge de redevances. Les serfs, sans avances pour la culture, végétaient comme ils pouvaient sur cette terre qu'on leur abandonnait, et souvent même ils ne payaient pas la redevance, ou ils la disputaient à leurs seigneurs. C'était un état épouvantable, j'en conviens, que cette servitude. Mais quelle différence trouvez-vous entre la condition de ces serfs et la condition des dix-huit millions de petits propriétaires à 18 francs de revenu? Ils possèdent, dites-vous, et ils n'ont plus de seigneurs. Je vous réponds:

---

(1) « Combien, dit M. Blanqui, n'y a-t-il pas de ces soi- » disants propriétaires qui manquent de tout: de vêtements » pour se couvrir, d'aliments pour se nourrir? Combien de » ces cotes pèsent sur de misérables huttes dont les habitants » sont trop pauvres pour refaire le toit qui laisse passer le » froid et la pluie, pour soutenir les murs qui chaque jour » menacent de s'écrouler! » (*Leçons*, etc., t. III, p. 29.)

ils possèdent une cabane, et le fisc est leur seigneur.

Si les maisons dans les villes n'étaient pas si grandes et si hautes, si elles se divisaient en petites parcelles équivalentes aux cellules des ouvriers industriels, combien de prolétaires des villes, invités et poussés par les spéculateurs, achèteraient leur logis, et figureraient sur les registres de l'impôt foncier! Leur condition en serait-elle améliorée?

Il faut que cet abus de mots cesse. Il est certain, par la modicité même des cotes, argument irrécusable, que la part de propriété foncière de ces dix-huit millions consiste à avoir directement, ou par compensation et équivalent, leur logement assuré, et rien de plus. Nous les appellerons donc des Prolétaires ayant leur logement assuré.

CHAPITRE XXII.

Quatre millions cent cinquante mille propriétaires jouissant officiellement d'un revenu foncier de 128 francs, et sept cent cinquante mille jouissant officiellement d'un revenu foncier de 491 francs.

D'après la même estimation de 2 cotes 1/5 pour un propriétaire et de 5 personnes par famille, les *deux millions cent soixante mille cotes de* 61 *francs en moyenne* donnent quatre millions neuf cent mille propriétaires jouissant officiellement d'un revenu de cent quatre-vingt-six francs. Mais, ainsi qu'on peut le voir d'après ces mêmes côtes (1) ; ces cinq millions se divisent en deux classes très différentes, l'une de quatre millions cent cinquante mille jouissant d'un revenu de cent vingt-huit francs seulement, et l'autre de sept cent cinquante mille jouissant d'un revenu de quatre cent quatre-vingt-onze francs.

CHAPITRE XXIII.

Deux cent trente mille propriétaires jouissant officiellement d'un revenu foncier de 2,000 francs.

Enfin, les *cent mille cotes dont la moyenne est de* 656 *francs* donnent quarante-six mille propriétaires chefs de famille, représentant deux cent trente mille personnes jouissant d'un revenu officiel de deux mille francs.

CHAPITRE XXIV.

Classement général de la population de la France.

En résumé, donc, la population actuelle de la France peut se classer approximative-

(1) Voyez le tableau détaillé des cotes foncières, cité précédemment.

ment, et par grandes masses; ainsi qu'il suit:

1re CLASSE. .	4,000,000	mendiants.
2e CLASSE. .	4,000,000	indigents.
3e CLASSE. .	4,000,000	salariés sans aucun titre de propriété quelconque.
4e CLASSE. .	18,000,000	ne possédant pas l'instrument de travail nécessaire à leur subsistance mais n'ayant que le logement ou un morceau de terre d'un revenu équivalent à ce logement.
5e CLASSE. .	4,150,000	jouissant officiellement d'un revenu foncier de 128 fr.
6e CLASSE. .	750,000	jouissant officiellement d'un revenu foncier de 491 fr.
7e CLASSE. .	230,000	jouissant officiellement de deux mille livres de rente en propriété foncière.
TOTAL. .	35,130,000	

CHAPITRE XXV.

Objections et réponses.

Si l'on objectait que nos calculs reposent en partie sur des rôles fonciers remontant à une époque déjà éloignée, nous répondrions que la situation générale de la nation, sous le rapport de la propriété foncière, n'a pas beaucoup changé depuis 1826.

En 1833, et dans les années suivantes, de nouvelles recherches furent faites sur l'impôt foncier; elles présentent, en 1835, un excédant d'environ 500,000 cotes sur 1826. Mais les trois quarts de ces cotes nouvelles, savoir 346,679, sont au-dessous de 20 francs. Qu'en faut-il conclure? Un prélèvement plus dur ou plus exact de l'impôt pendant cet intervalle de neuf ans suffirait presque à expliquer cette augmentation de cotes. C'est ici le cas de citer ces paroles d'un économiste : « Qui ne sait » que l'impôt frappe avec toute sa rigueur et » pèse de tout son poids sur le pauvre ouvrier » agricole, qui n'a qu'un lambeau de terre à » cultiver, une mauvaise cabane pour abriter » sa tête, mais qu'il n'atteint pas de même » l'homme riche, du moins celui auquel con- » vient réellement le titre de propriétaire? Au » premier, la loi est appliquée tout entière; il » ne peut rien cacher au fisc; son champ, sa » récolte, sont mesurés, estimés par les agents

» de l'administration et les commissaires ré» partiteurs : il n'a, lui, qu'à payer. Il n'en » est pas de même du second. Au lieu de le » taxer d'office, on lui demande, pour ainsi » dire, de quelle somme il veut bien consentir » à diminuer son revenu. Sa cote n'étant éta» blie que d'après ce revenu qu'il déclare lui» même, il ne se fait pas faute de profiter de » cette latitude pour faire sa part aussi petite » que possible (1). » On aura donc trouvé, pendant cet intervalle de neuf ans, le moyen de percevoir quatre à cinq millions de plus sur les prolétaires des campagnes. Il existe en France, le croirait-on? près de 350,000 maisons qui, pour échapper à l'impôt sur l'air et la lumière, n'ont qu'une ouverture, c'est-à-dire pas de fenêtres, et près de deux millions qui n'ont qu'une porte et une fenêtre (2). On aura découvert que les malheureux qui les habitent prenaient de l'air ou du jour par des ouvertures de contrebande. On aura déclaré matière imposable quelques tristes réduits où s'abritent les mendiants, les troglodites de nos campagnes; on aura taxé d'office des parcelles de terre à demi défrichées, etc.; et de cette

(1) Blanqui, *Leçons*, etc., tom. III, page 24.

(2) Voy. le rapport fait par M. de Chabrol en 1830, comme ministre des finances, où il déclare qu'il a été impossible à l'administration de soumettre à l'impôt des portes et fenêtres, dans toute la France, plus de vingt-six millions d'ouvertures. Vingt-six millions d'ouvertures pour trente-quatre millions d'hommes!

façon le registre foncier s'est enrichi à grand' peine en neuf ans de 500,000 cotes, dont les trois quarts sont au-dessous de 20 francs, et dont plus de la moitié est au-dessous de 5 fr. Mais les cotes au-dessus de 100 francs sont restées immobiles. La propriété véritable n'a pas changé dans cet intervalle (1).

Admettons même que les 500,000 nouvelles cotes de 1826 à 1835 ne font, en aucun cas, double emploi avec les anciennes, et qu'elles indiquent toutes de véritables nouveaux propriétaires. En neuf ans la propriété foncière se serait donc accrue d'environ 230,000 propriétaires, dont 150,000 d'un fonds donnant en moyenne 30 à 40 francs de revenu. Voilà un triste résultat, quand pendant ces neuf ans la population s'est accrue bien authentiquement de 1,239,467 individus (2).

En 1815, le nombre des cotes de l'impôt

(1) Pour qu'on en juge mieux, voici le tableau comparatif des cotes de 1826 et de celles de 1835 :

	1826.	1835.
	—	—
20 fr. et au-dessous. .	8,024,987. . .	8,471,666
21 à 30.	663,237. . .	739,206
31 à 50.	642,345. . .	684,165
51 à 100.	527,991. . .	553,230
101 à 300.	335,505. . .	341,157
301 à 500.	56,602. . .	57,555
501 à 1,000.	32,579. . .	33,196
1,001 et au-dessus. . . .	13,447. . .	13,361
Totaux. . . .	10,296,693. . .	10,893,523

(2) Voy. l'*Annuaire du Bureau des longitudes*.

foncier était déjà de 10,083,751. L'augmentation en 28 ans a donc été de 800,000 cotes environ, ce qui, à 2 cotes 1/5, ne donne pas 400,000 propriétaires. Or, dans ces 28 ans la population a augmenté de six à sept millions. D'un autre côté, le nombre des cotes au-dessus de 100 francs était en 1815 à peu près ce qu'il est aujourd'hui; la proportion était la même. Qu'on juge par là de l'absurdité de ceux qui vont répétant que rien n'égale la mobilité de la fortune territoriale en France, et qui veulent en conclure une marche ascendante des infiniment petits propriétaires vers la propriété réelle. Ils s'appuyent, pour le prouver, sur le morcellement qui est bien réel, et sur la masse d'immeubles transmis annuellement par vente ou cession. Le morcellement ne fait que des pauvres, et les transmissions par vente prouvent seulement que le personnel de la propriété change souvent. Mais la condition générale de la propriété foncière change-t-elle pour cela? Non évidemment, puisque voilà trente ans que le nombre des propriétaires payant plus de cent francs d'impôt n'a pas sensiblement varié.

CHAPITRE XXVI.

Suite.

L'objection que l'on nous ferait sur le chiffre beaucoup trop élevé auquel nous arrivons pour la population totale de la France serait également de peu de valeur. Nous avions annoncé d'avance que nous arriverions à un chiffre trop élevé.

Nous savons bien que la France n'a réellement pas aujourd'hui trente-cinq millions passés de population, mais seulement trente-quatre millions et demi (1). Mais il ne s'agit pas pour nous d'une statistique exacte de la population numérique ; il s'agit uniquement des rapports généraux des différentes classes. En outre, il faut remarquer que si ces nombres doivent être diminués, la diminution doit porter sur les riches plutôt que sur les pauvres. En effet, nous avons calculé la famille du pauvre au même nombre que celle du riche ; mais chacun sait que la première est généralement plus nombreuse. C'est dans les 6e et 7e classes surtout que le célibat s'unit souvent à la sagesse économique prêchée par l'école anglaise.

L'erreur de population, montant à 800,000 individus, que présente le résultat général de

(1) Le tableau de la population du royaume d'après le recensement fait en 1836 (ordonnance royale du 30 décembre 1836) porte le nombre légal de la population à 33,540,910. Mais le recensement ayant eu lieu dans le cours de l'année, l'accroissement de population pendant cette année n'y est compris que très imparfaitement. L'accroissement dans les quatre années 1836, 1837, 1838 et 1839, a été de 565,185 (Voy. l'*Annuaire du Bureau des longitudes*). En supposant pour les trois années 1840, 1841 et 1842, le même accroissement en moyenne, c'est-à-dire ensemble 423,885, la population serait à la fin de cette année de 34,529,980.

nos supputations, ne porte certainement pas sur les trois premières classes, celle des mendiants, des indigents, des salariés sans propriété foncière. Elle porte sur la propriété foncière. M. de Rambuteau et les statisticiens qui l'ont suivi calculent les cotes de contribution à 2 cotes, ou plus exactement à 2 cotes 1/5, pour un propriétaire. Nous avons calculé comme eux. M. de Rambuteau et plusieurs de ces statisticiens calculent ensuite chaque famille à cinq individus en moyenne. Nous avons encore calculé comme eux; nous ne voulions pas, nous le répétons, changer leurs bases. Si, au lieu des cotes de 1826, nous avions pris celles de 1835, l'excédant que nous aurions obtenu sur la vraie population eût été encore plus considérable. En ne tenant pas compte de l'excédant de cotes nouvelles depuis 1826, nous avons en partie remédié à l'erreur. Pour la faire disparaître complètement, il suffit de calculer les quatre classes de propriétaires à 4 individus 3/4 par famille au lieu de 5 individus.

Mais il serait mieux encore de ne calculer ces classes qu'à raison de 4 1/2 par famille, comme font les statisticiens les plus sages, et de reconnaître avec nous que si la population donne à ce taux un excédant, c'est sur les classes non inscrites sur les registres de l'impôt foncier que cet excédant doit être reporté.

On voit que l'objection que l'on nous ferait sur ce point tournerait à notre avantage. Le nombre des propriétaires ne peut que diminuer à cette objection, tandis que celui des prolétaires ne peut qu'augmenter.

Nous objectera-t-on, enfin, et sans examen, que la statistique, quelle qu'elle soit, est chose fort incertaine? Mais le scepticisme peut-il s'étendre jusqu'aux registres de l'impôt foncier, corroborés par les listes électorales?

Nos adversaires eux-mêmes ne nient pas les trois premières classes de citoyens mendiants, indigents, ou vivant de salaires sans aucun titre de propriété quelconque; seulement, ils en réduisent le nombre le plus qu'ils peuvent. Le grand point de la controverse roule sur la quatrième classe, celle des citoyens propriétaires au titre de 18 francs de revenu. Comme les escamoteurs de nos places publiques, ils font passer d'un coup de main cette masse de Prolétaires dans leur camp. Mais que ne lui donnent-ils donc, en ce cas, des droits électoraux?

CHAPITRE XXVII.

Pyramide sociale.

Pour présenter la pyramide sociale (pyramide, on le voit, dont le sommet est très aigu) dans le sens où l'on est habitué à la considérer, il suffit de renverser le tableau que nous venons de donner; et, en réduisant ces nombres à ceux des chefs de famille, on obtient :

Familles propriétaires.

46,000	grands propriétaires.
150,000	moyens propriétaires.
830,000	très petits propriétaires.
1,026,000	

Familles prolétaires.

3,600,000	ayant le logement assuré.
800,000	ayant tout à gagner, même leur logement, par le salaire.
800,000	indigentes.
800,000	mendiantes.
6,000,000	

Le million de familles propriétaires représente, à quatre individus par famille, quatre millions d'âmes. Les six millions de familles prolétaires représentent, à cinq individus par famille, trente millions d'âmes. Avions-nous tort plus haut d'évaluer, par une appréciation rapide, à trente millions le nombre des Prolétaires ?

CHAPITRE XXVIII.

Ce qu'écrivait Necker, il y a cinquante ans.

Necker écrivait, il y a cinquante ans, dans un Mémoire sur la législation et le commerce des grains, ces lignes remarquables :

« En arrêtant sa pensée sur la société et sur » ses rapports, on est frappé d'une idée géné- » rale qui mérite bien d'être approfondie. C'est » que presque toutes les institutions civiles » ont été faites pour les propriétaires. On est » effrayé, en voyant le code des lois, de n'y » découvrir partout que le témoignage de cette » vérité. On dirait qu'un petit nombre d'hom- » mes, après s'être partagé la terre, ont fait » des lois d'union et de garantie contre la » multitude, comme ils auraient mis des abris » dans les bois pour se défendre des bêtes » sauvages. Cependant, on ose le dire, après » avoir établi des lois de propriété, de justice, » de liberté, on n'a presque rien fait encore » pour la classe la plus nombreuse des ci- » toyens. Que nous importe vos lois de pro- » priété ? pourraient-ils dire ; nous ne possé- » dons rien. Vos lois de justice ? nous n'avons » rien à défendre. Vos lois de liberté ? si nous » ne travaillons pas, demain nous mourrons. »

Neker ajoute : « Les propriétaires et la classe

» de la nation qui vit de son travail sont des » lions et des animaux sans défense qui vivent » ensemble. On ne peut augmenter la part de » ces derniers qu'en trompant la vigilance des » autres, et en les empêchant de s'élancer. »

CHAPITRE XXIX.

Où est le capital de la France.

Et maintenant je reprends ma question : Où est *le capital de la France*, où peut-il être? J'appelle *capital de la France* le fonds correspondant au revenu net de la France après que tous les salaires de la production sont soldés. Je montrerai tout-à-l'heure le rôle tout-puissant de ce capital : mais cherchons d'abord entre les mains de combien de citoyens et dans quelle classe de citoyens ce capital peut être concentré.

Evidemment ce capital n'est ni dans la première classe, celle des mendiants, composée de quatres millions d'âmes ;

Ni dans la seconde, celle des indigents, composée également de quatre millions d'âmes;

Ni dans la troisième, celle des salariés sans aucun titre de propriété quelconque, également composée de quatre millions d'âmes;

Ni dans la quatrième, celle des prolétaires qui ne possédent que le logement assuré, ou un morceau de terre d'un revenu équivalent à ce logement, laquelle se compose de dix-huit millions d'âmes.

Vainement dirait-on que cette quatrième classe, étant très nombreuse, se trouve par sa masse réunir un nombre considérable de cabanes et de petits morceaux de terre; vainement, ajoutant ensemble toutes ces cabanes et tous ces morceaux de terre, objecterait-on que cela constitue une portion notable des maisons et du sol de la France. Nous serions cent milliards d'hommes possédant un arpent de terre, que cela ne ferait pas entre nos mains un capital, parcequ'un arpent de terre ne suffit pas à la subsistance de son propriétaire. Il n'y a de capital possible que là où le revenu excède la subsistance. Ces dix-huit millions d'hommes, en s'emparant témérairement d'une portion de la terre, se trouvent détenteurs, il est vrai, d'un instrument de travail; ils en tirent, il est vrai, une partie quelconque de leur subsistance; leur propriété peut donc figurer dans le calcul du revenu brut de la France. Mais, pour qui raisonne un peu profondément en ces sortes de matières, cette propriété se range dans les salaires, et n'a rien de commun avec le revenu subsistant, après que tous les instruments de la production sont soldés. En un mot, ces dix-huit millions sont des salariés, comme les douze millions des trois autres classes. Revêtus de titres de propriété, ils se salarient, à la vérité, eux-mêmes, sous le rapport de cette insuffisante portion de leur subsistance ; mais ils n'en sont pas moins des salariés. Qu'on n'objecte donc ni le nombre d'hectares qu'ils possèdent ensemble ou paraissent posséder, ni l'impôt foncier qu'ils payent. Qu'importe qu'en raison de leur masse ils payent à l'Etat un impôt foncier de quarante ou cinquante millions ? Est-ce que les trois premières classes, mendiants, indigents, prolétaires industriels, ne payent pas aussi à l'Etat un impôt ! Est-ce que l'impôt indirect n'est pas un impôt ; et, multiplié sous toutes sortes de formes, cet impôt n'est-il pas même perçu au double et au triple de l'impôt foncier ?

Le capital reproducteur, correspondant au revenu net après que tous les agents de la production sont soldés, ne peut donc être que dans les mains des trois dernières classes, savoir :

5e classe.	4,150,000	propriétaires jouissant, d'après les cotes de l'impôt foncier, d'un revenu de 128 fr.
6e classe.	750,000	propriétaires jouissant, d'aprés cès mêmes cotes, d'un revenu de 491 francs.
7e classe.	230,000	propriétaires jouissant, toujours d'après ces mêmes cotes, de 2,000 livres de rente.
Total.	5,130,000	

Le *capital de la France*, dis-je, est là, dans ces cinq millions de vrais et uniques propriétaires. Mais dans quelle proportion se trouve-t-il divisé entre ces trois classes ?

Il y a six fois plus d'individus dans la cinquième classe que dans la sixième, et dix-huit fois plus que dans la septième; mais les revenus vont dans une proportion inverse. Les individus de la cinquième classe n'ont que le quart de ceux de la sixième, et le seizième de ceux de la septième. Pour résumer approximativement ces rapports : sur 22 individus propriétaires, 18 possèdent comme 1, tandis que 3 possèdent comme 4, et 1 comme 16.

Ceux qui possèdent comme 1 ont cent vingt-huit francs de revenu, ou, par famille de cinq personnes, environ 600 livres de rente. Une famille peut-elle, sans travail, subsister de ce revenu ? Oui, puisque la subsistance moyenne des familles prolétaires vivant de salaires assurés ne dépasse pas cette somme. Mais une telle famille peut-elle, sans travail, faire des économies sur ce revenu ? Il nous semble que tout le monde répondra non. Seulement il est évident que si ce revenu suffit strictement aux besoins, le salaire gagné par les membres de cette famille, venant s'ajouter aux revenus fixes, pourra produire un capital nouveau.

Telle est donc la situation de cette cinquième classe, la plus nombreuse des trois classes véritables de propriétaires. Elle représente un capital acquis; mais qui n'est suceptible de s'accroître qu'avec des salaires.

Le capital reproducteur, le capital qui répond au revenu net après que tous les instruments de la production sont soldés, n'est donc pas encore là, dans cette cinquième classe. Je le répète, cette classe diffère, il est vrai, essentiellement des quatre classes de prolétaires; car elle est propriétaire, elle vit ou peut vivre de revenus. Mais ses revenus sont absorbés par sa subsistance. Le capital qu'elle représente est bien un capital; mais, détruit aussitôt que né, il ne produit par lui-même aucun capital nouveau, et ainsi ne contribue pas directement au revenu net de la France. Seulement il met ceux qui en jouissent à même de contribuer un jour à ce revenu, en créant un capital nouveau par les salaires qu'ils peuvent ajouter à leur capital acquis.

Cette distinction faite, il est évident que ce que nous nommons *le capital de la France*, c'est-à-dire le fonds correspondant au revenu net après que tous les agents et instruments de la production sont soldés, réside uniquement dans les deux dernières classes, savoir :

6e CLASSE. .	750,000	propriétaires jouissant, d'après les registres de l'impôt foncier, d'un revenu de 491 francs.
7e CLASSE. .	230,000	propriétaires jouissant, d'après les mêmes registres, d'un revenu de 2,000 fr.
TOTAL. .	980,000	

Ou bien, en comptant par chefs de famille :

150,000	moyens propriétaires jouissant officiellement de plus de deux mille quatre cents livres de rente foncière.
46,000	grands propriétaires jouissant officiellement de dix mille livres de rente foncière.
196,000	

CHAPITRE XXX.

Le capital de la France est dans les mains de moins de deux cent mille propriétaires.

Avant d'aller plus loin, il nous faut répondre à une objection qu'on ne manquera pas de nous faire.

On nous dira : Vous cherchez le capital du revenu net de la France parmi les propriétaires fonciers, et vous négligez les industriels manufacturiers et les capitalistes proprement dits, les banquiers, ceux qui travaillent sur le numéraire et le crédit. Ne se trouve-t-il pas un certain nombre de propriétaires en dehors des registres de l'impôt foncier? Un homme peut posséder cent mille livres de rentes sur l'Etat, et ne pas avoir de maison ni un pouce de terre. Un autre peut, étant dans le même cas, avoir des fonds considérables dans l'industrie. Un troisième reçoit du budget cinquante mille francs par an, etc., etc. Les plus grands capitalistes de France ne sont-ils pas des Juifs, qui ne sont pas citoyens français, mais agioteurs de tous les pays?

Sans doute; mais notre méthode n'en est pas moins très exacte et très certaine.

Parlons d'abord des capitalistes proprement dits, nous parlerons ensuite des manufacturiers et des commerçants.

Les capitalistes qui ne possèdent ni terres, ni instruments de travail quelconque, mais de l'or et de l'argent, ne sont que des salariés sous le rapport de la production. Mais, comme ils sont salariés à titre du numéraire, par lui-même improductif, qu'ils ont accumulé, ils se trouvent avoir, dans cette production, un rôle particulier. D'un côté, ils n'interviennent réellement pas dans cette production à titre d'agents actifs; d'un autre côté, ils peuvent, à volonté, prendre ce rôle. Quand ils ne le prennent pas, ils sont représentés par les propriétaires fonciers; quand au contraire ils le prennent, ils déplacent ceux de ces propriétaires qui les représentaient. Mais, dans l'une et dans l'autre hypothèse, le capital reproducteur ne sort pas de la catégorie où nous avons dit qu'il existe.

Expliquons-nous par un exemple.

M. de Rothschild possède, je suppose, cent millions, et ne figure pas sur les registres de l'impôt foncier. Sur ces cent millions, il en prête à l'Etat cinquante. Mais qui permet à l'Etat de payer la rente de ces cinquante millions? le budget. Et qui paye le budget? la France entière. Mais d'où viennent les revenus de la France? Les revenus de la France viennent de la production. L'or et l'argent ne produisent rien par eux-mêmes. Les cinquante millions prêtés à l'Etat par M. de Rothschild resteraient pendant des siècles entassés dans un coffre-fort sans produire un seul denier de plus. Donc c'est la production qui paye la rente à M. de Rothschild. Or cette production se divise en revenu brut et en revenu net. Le revenu brut comprend les salaires plus le revenu net. Ce ne sont pas les salaires qui payent la rente de l'Etat. Donc c'est le revenu net. Donc M. de Rothschild, bien que propriétaire de cinquante millions prêtés à l'Etat, est salarié par ceux qui possèdent ce revenu net. Tant que M. de Rothschild laisse ses cinquante millions à l'Etat, il n'a aucune influence directe sur la production ; ce sont les possesseurs des instruments de travail vraiment productifs qui ont toute influence.

Il en est de même pour les prêts hypothéqués sur la propriété foncière que peut faire M. de Rothschild. S'il prête vingt millions à l'industrie agricole, tant qu'il laisse ces vingt millions ainsi placés, ce sont ses débiteurs pour cette somme qui dirigent cette industrie.

Mais si M. de Rothschild retire ses fonds à l'Etat ou aux propriétaires fonciers pour se faire lui-même propriétaire, il déplace à l'instant même un nombre de propriétaires correspondant à son numéraire. On lui payait la rente, et il laissait faire, il était inactif dans la production. Maintenant il veut être actif, agir sur la production; il ne peut l'être qu'en remplaçant ceux qui lui payaient cette rente. S'il transforme en propriété foncière la somme qu'il prêtait à l'Etat, il agit sur toute la masse des propriétaires, et diminue leur influence directe sur la production, au prorata de la fortune de chacun; s'il transforme de même ses prêts hypothécaires, il agit spécialement sur ceux de ces propriétaires qu'il avait commandités, et détruit leur puissance productive, ou la diminue, dans la proportion du capital qu'il leur ôte.

Il suit évidemment de là que lors même que M. de Rothschild ne figurerait pas sur les registres de l'impôt foncier dans la liste des 196,000 propriétaires où nous venons de dire que se trouve uniquement le revenu net de la France, il y figurerait indirectement, représenté soit pas la masse générale de ces propriétaires en raison des fonds qu'il prête à l'Etat, soit par ceux de ces propriétaires auxquels il fait des prêts sur hypothèque. Considéré en tant que possédant une certaine quantité d'or et d'argent, M. de Rothschild n'existe pas, et n'a point d'autre valeur que celle d'un trésor qui serait enfoui dans la terre; considéré comme capitaliste avec emploi de ses fonds soit en rente, soit en prêts à l'industrie et au commerce, M. de Rothschild est exactement et complètement représenté par les agents véritables de la production. En ce sens, qui est le seul où la fortune du capitaliste ait une valeur économique, ce capitaliste figure toujours visiblement ou invisiblement sur la liste des propriétaires fonciers.

Or il en est en France des riches commerçants et manufacturiers à peu près comme des capitalistes. Il est bien vrai qu'à la fin de chaque année ils perçoivent, eux aussi, une portion considérable du revenu net de la France par les bénéfices de l'industrie et du commerce; mais comme ils consacrent de nouveau ces capitaux au service de la propriété foncière, représentée par 196,000 propriétaires, il s'ensuit que ce nombre de 196,000 seigneurs de la production est toujours, par rapport aux trente-cinq millions de Français, le nombre qui divise et répartit à chacun le revenu net de la France.

Il est possible ou plutôt il est certain que cela ne serait pas vrai à dire de l'Angleterre, nation qui s'est adonnée à un commerce et à une industrie sans proportion avec son agriculture; mais cela est vrai de la France, où l'industrie et le commerce n'ont pas fait divorce avec l'agriculture (1). En France, il est

(1) D'où l'industrie française tire-t-elle la plus grande partie des matières premières qu'elle transforme? Du sol même de la France. L'industrie française est donc l'agriculture française continuée. Le commerce français est donc encore l'agriculture

encore vrai, quoique cela commence à être moins vrai que du temps de Quesnay et des grands économistes français qui ont soutenu cette idée, que les manufacturiers et les commerçants, n'étant que des bailleurs de fonds pour les produits de l'agriculture, ne partagent pas dans le revenu net à titre de producteurs, mais à titre de salariés ou de capitalistes, et ne peuvent pas être comptés, sans double emploi, dans le nombre de ceux entre lesquels se divise directement ce revenu net.

Mais qu'importent, au surplus, les difficultés que pourraient nous faire à ce sujet les partisans de l'école anglaise, qui supposent aux capitaux, à l'industrie et au commerce une valeur productive en essence! Nous nous affranchirons de ces difficultés en demandant s'il y a beaucoup de capitalistes ou de riches industriels qui ne soient pas, ne fût-ce que pour leurs magasins et manufactures, inscrits sur les rôles de l'impôt foncier.

En fait, il est certain que presque tous les capitalistes, tous les grands manufacturiers, et les riches négociants de la France, figurent

continuée. Il en est tout autrement en Angleterre. D'où l'industrie anglaise tire-t-elle les matières premières qu'elle transforme? Est-ce de son sol? Non, pour la majeure partie. Qui lui procure ces matières premières? Le commerce. Le commerce est donc le point de départ de la production en Angleterre. Ce qu'est chez nous l'agriculture, la mer et les vaisseaux le sont pour les Anglais. Comment ceux qui se sont mis à raisonner en économie politique à la suite de l'école anglaise n'ont-ils pas vu cette différence?

sur les cotes de l'impôt foncier dans la catégorie de ceux qui payent plus de deux cents francs de contribution, c'est-à-dire dans les 196.000 propriétaires fonciers (1).

Cette objection est donc nulle, nulle en théorie, nulle en fait; et nous pouvons tenir pour certain que le capital de la France est à la disposition de moins de deux cent mille propriétaires.

CHAPITRE XXXI.

A quelle somme s'élève le revenu net de la France.

Or quel est ce capital de la France? à quelle somme s'élève le revenu net de la France?

Chaptal, il y a trente ans, estimait le revenu territorial de la France, j'entends le revenu net territorial, à un milliard deux cents millions. M. Ch. Dupin le porte dans ses ouvrages à un milliard neuf cent millions. C'est en

(1) Vainement donc objecterait-on que la moitié ou les deux tiers de la propriété foncière en général sont grevés d'hypothèques. En ce cas, les vrais propriétaires sont les bailleurs de fonds, et les propriétaires apparents ne sont que le masque des autres. Mais propriétaires réels ou apparents ne forment vraiment dans la nation qu'un groupe d'environ 200,000 individus.

effet, la valeur qu'il faut lui attribuer aujourd'hui ; car l'impôt foncier s'élève aujourd'hui à environ 271 millions, ce qui donne, à peu de chose près, pour le revenu net, suivant le rapport 1 : 6,94, un milliard neuf cents millions.

On s'accorde encore à estimer le revenu net de ce que l'on appelle la richesse mobilière productive, c'est-à-dire de l'industrie et du commerce, à une valeur égale à celle du revenu territorial.

La somme de ces deux revenus donne trois milliards huit cents millions pour le total du revenu net de la France. Ce n'est pas le triple de notre budget annuel (1). Il y a trente ans, l'impôt était chez nous au quart du revenu de la richesse générale ; il est maintenant à plus du tiers. Ceux qui ont réfléchi sur les finances, savent que l'impôt va toujours croissant, et que ce n'est pas un mal en soi. Si l'impôt atteignait la totalité du revenu net, et qu'il fût

(1) Les budgets se sont élevés en moyenne à plus d'un milliard 400 millions pour toute la période de 1808 à 1814 ; mais c'était là France de l'Empire. Aujourd'hui la France, restreinte à ses anciennes limites, paye la même somme. Il est vrai que nominalement le budget présenté cette année, par exemple, pour 1843, ne s'élève qu'à 1 milliard 300 millions environ. Mais outre que beaucoup d'impôts restent en dehors de ceux qui constituent le budget, les exercices précédents ont souvent laissé 30, 40, et même une fois près de 70 millions d'excédant de dépense, qui ont été mis successivement, à mesure qu'on les découvrait, à la charge de la dette flottante.

bien réparti, ce serait, au contraire, un grand bien.

Quoi qu'il en soit, voici donc, d'après toutes les autorités, le montant du revenu net de la France, trois milliards huit cents millions. La France est comme un propriétaire qui aurait trois milliards huit cents millions de rente, et qui les mangerait de deux façons, savoir 1,400,000.000 en dépenses d'un certain genre appelées budget, et 2,400,000,000 en dépenses non comprises dans ce budget.

Je me trompe : pour que cela fût vrai, il faudrait que l'impôt ne fût perçu que sur le revenu net ; mais il n'est perçu sur le revenu net que pour le montant de la contribution foncière. Le surplus de l'impôt, formant les trois quarts des recettes du budget, est perçu sur les salaires comme sur le revenu net. Or la part que les classes salariées payent par les impôts de toute nature s'élève, comme je le prouverai plus tard, à bien plus de 800 millions. Le budget, ainsi perçu indistinctement sur les salaires et sur le revenu, a donc pour résultat d'augmenter préliminairement d'au moins 800 millions prélevés sur les salaires, la masse du revenu net. En sorte que, pour reprendre notre comparaison, la France est comme un propriétaire qui aurait trois milliards huit cents millions de rente, plus huit cents autres millions fournis par l'impôt, c'est-à-dire en somme quatre milliards six cents millions, et qui les mangerait de deux façons, savoir 1,400,000,000 en dépenses d'un certain genre appelées budget, et 3,200,000,000 en dépenses non comprises dans ce budget.

Or nous venons de démontrer que les dispensateurs du revenu net de la France s'élèvent à 196,000. Ce groupe de 196,000 est donc d'abord le régulateur unique des trois milliards deux cents millions qui ne se versent pas dans le budget. Mais, en outre, il est, par la loi électorale, le dispensateur unique du milliard quatre cents millions versés dans le budget. Car il y a identité entre les 196,000 moyens et grands propriétaires composant les 6e et 7e classes que nous avons distinguées dans la population de la France, et les 180,000 électeurs environ que donne l'impôt foncier uni à la patente. Donc ces cent quatre-vingt-seize mille électeurs ou propriétaires disposent de tout le revenu net de la France, augmenté de l'impôt prélevé sur les salaires, et montant, avec cette adjonction, à quatre milliards six cents millions. Nul autre des trente-cinq millions de Français n'a participation aucune, excepté par voie de conseil et de remontrance (1), à l'emploi de ce revenu net.

---

(1) C'est c equ'on appelle *liberté de la presse*. Qu'on juge par là du prix de cette liberté.

CHAPITRE XXXII.

Importance du revenu net.

C'est ici qu'il faut dire toute l'importance de ce revenu net.

Suivant que le revenu net d'une nation est bien ou mal employé, cette nation prospère ou dépérit. Suivant que le génie ou la stupidité dispose de ce revenu net, la justice ou l'iniquité couvre la terre. Si le revenu net est bien appliqué, le crime disparaît et la vertu règne, la production s'accroît, et le bonheur s'étend parmi les hommes. La dispensation du revenu net est, en un mot, la source de tout le bien et de tout le mal qui peuvent arriver aux nations ; tous les germes de l'avenir sont dans ce revenu.

C'est apparemment pour cela que la liberté parut, avant 1789, une si bonne chose au Tiers-Etat, ainsi qu'à la masse générale de la nation. Avant cette époque, une portion de ce revenu net, la portion correspondante à notre budget actuel, était remise, sous les différentes formes de l'impôt, à la Royauté, qui en disposait à sa guise. On a trouvé que la Royauté pouvait ne pas faire le meilleur emploi possible de cette portion du revenu net qu'elle se faisait ainsi octroyer, et on a demandé et obtenu un autre mode de gouvernement pour en décider. Aujourd'hui donc les deux cent mille propriétaires électeurs se réunissent et nomment des députés, qui, de concert avec la Royauté, règlent publiquement l'emploi de cette portion du revenu net.

Mais il reste près des deux tiers de ce revenu, accru par l'impôt prélevé sur les salaires, dont ces mêmes deux cent mille propriétaires disposent à leur guise, sans aucune forme de gouvernement.

Un de ces propriétaires, M. Charles de Rémusat, émit un jour à la tribune une grande vérité. « L'impôt, dit-il, est pour la nation le » meilleur des placements. » Il laissait échapper la pensée profonde des vrais financiers et économistes. Il fut couvert de huées libérales; et pourtant il avait raison. L'impôt est pour la nation le meilleur des placements, à la condition que le budget soit bien réparti. Et nous n'hésitons pas à dire que tous les financiers qui approuvent, en théorie, l'augmentation progressive des budgets, c'est-à-dire une part de plus en plus grande de la nation, en tant que gouvernement, dans la répartition de la totalité du revenu net, sont dans la vérité.

Mais il faudrait qu'avec l'augmentation du budget coïncidât une participation de plus en plus grande de la nation tout entière dans le gouvernement lui-même, c'est-à-dire dans la répartition de ce revenu.

Car si ce sont toujours les mêmes deux cent

mille propriétaires qui disposent par le budget de ce qu'ils se retirent eux-mêmes de leur budget occulte, accru encore préliminairement de l'impôt prélevé sur les salaires, je ne vois pas quel immense avantage peut en résulter pour la nation. La publicité dans les abus pourrait bien être le seul bénéfice qui sortirait de cette réforme.

CHAPITRE XXXIII.

Quel est, depuis vingt-huit ans, l'artifice avec lequel on gouverne la France.

Voici donc quel est, depuis vingt-huit ans, l'artifice avec lequel on gouverne la France.

Il y a en France deux cent mille propriétaires du revenu net, et par là du sol et de tous les instruments de travail.

Or de ces deux cent mille propriétaires on a fait tout le gouvernement constitutionnel. Chambre Haute et Chambre Basse ont été composées de la représentation de ces deux cent mille privilégiés.

Montesquieu, analysant la Constitution d'Angleterre, dit bien que les privilégiés, *les gens distingués par la naissance, les richesses, ou les honneurs*, doivent avoir dans la législation une part proportionnée aux autres avantages qu'ils ont dans l'Etat. Mais il ne dit pas qu'ils doivent avoir tout. Il établit, au contraire, que le chef-d'œuvre de la Constitution Anglaise consiste à mettre en lutte, à titre égal, les privilégiés et les non privilégiés. « Ainsi, dit-il, la » puissance législative sera confiée et au corps » des Nobles et au corps qui sera choisi pour » représenter le Peuple, qui auront chacun » leurs délibérations à part, et des vues et des » intérêts séparés. »

Où est, je le demande, le corps qui représente les non privilégiés en France ? Je vois bien le double corps des privilégiés, la Chambre des Pairs et la Chambre des Députés. Mais où est ce « corps qui sera choisi pour repré- » senter le peuple ? » S'il manque, comme il manque en effet, l'imitation de la Constitution Anglaise manque aussi dans le point le plus essentiel, puisque la base même de cette Constitution consiste dans la lutte et l'antagonisme de ces deux puissances différentes qui doivent avoir chacune « leurs délibérations à part, et » des vues et des intérêts séparés. »

Je répète donc ce que j'ai dit plus haut : Si les importateurs de la Constitution Anglaise en France n'avaient pas eu pour but de restaurer la Féodalité, il faudrait les déclarer les plus stupides des hommes.

Il n'y a plus de Noblesse aujourd'hui, plus d'Aristocratie de naissance autorisée et sanctionnée par nos institutions : pourquoi donc une Pairie ? Mais y a trente millions de Prolétaires : pourquoi donc pas une Chambre représentant ces trente millions ? Pourquoi tout le pouvoir législatif est-il concentré en deux Chambres dont l'une est l'image bâtarde de la Noblesse, et dont l'autre est exclusivement l'apanage du Tiers-Etat ?

Quand Sieyès fit sa brochure du Tiers-Etat, on conçoit qu'il enveloppât le peuple tout entier sous cette dénomination de Tiers-Etat. « Qu'est-ce que le peuple ? disait-il, tout. » Qu'est-il ? rien. Que veut-il être ? quelque » chose. » Magnifique concision. Mais ce *quelque chose* que demandait Sieyès, qui l'a obtenu? le Tiers-Etat ; ou plutôt il a tout obtenu : car la Pairie, c'est encore le Tiers-Etat. En prenant le mot Peuple dans une autre acception que Sieyès, le résumé éloquent de Sieyès subsiste dans toute sa netteté et dans toute sa force.

CHAPITRE XXXIV.

Les Prolétaires et les Bourgeois.

Nous ne sommes pas les premiers qui signalons le vice essentiel de la fausse application qu'on a faite à la France de la Constitution d'Angleterre. Un des plus grands esprits de ce temps écrivait, il y a déjà dix ans, ces pages d'une éloquence admirable :

« Je dis que le peuple se compose de deux

» classes distinctes de conditions et distinctes
» d'intérêts : les Prolétaires et les Bour-
» geois.

» Je nomme Prolétaires les hommes qui pro-
» duisent toute la richesse de la nation, qui ne
» possèdent que le salaire journalier de leur
» travail, et dont le travail dépend de causes
» laissées en dehors d'eux, qui ne retirent cha-
» que jour du fruit de leur peine qu'une faible
» portion incessamment réduite par la concur-
» rence, qui ne reposent leur lendemain que
» sur une espérance chancelante comme le
» mouvement incertain et déréglé de l'indus-
» trie, et qui n'entrevoient de salut pour leur
» vieillesse que dans une place à l'hôpital ou
» dans une mort anticipée. Je nomme Prolé-
» taires les ouvriers des villes et les paysans
» des campagnes, à Paris la masse énorme qui
» peut fournir aux hôpitaux près de 100,000
» malades par année, 60,000 hommes qui
» font de la soie à Lyon, 40,000 du coton à
» Rouen, 20,000 du ruban à Saint-Etienne, et
» tant d'autres, pour le dénombrement des-
» quels on peut ouvrir les Statistiques ; l'im-
» mense population des villages, qui laboure
» nos champs et cultive nos vignes, sans pos-
» séder ni la moisson ni la vendange ; vingt-
» deux millions (1) d'hommes enfin, incultes,

(1) Quatre millions de mendiants, quatre millions d'indigents, deux millions d'ouvriers vivant régulièrement de salaires sans tomber dans l'indigence, et douze millions pris sur les dix-huit qui jouissent en moyenne de 18 francs

» délaissés, misérables, réduits à soutenir leur » vie avec six sous par jour. Voilà ceux que je » nomme Prolétaires.

» Je nomme Bourgeois les hommes à la des» tinée desquels la destinée des Prolétaires est » soumise et enchaînée, les hommes qui pos» sèdent des capitaux et vivent du revenu an» nuel qu'ils leur rendent, qui tiennent l'indus» trie à leurs gages, et qui l'élèvent et l'abais» sent au gré de leur consommation, qui jouis» sent pleinement du présent, et n'ont de vœu » pour leur sort du lendemain que la conti» nuation de leur sort de la veille et l'éternelle » continuation d'une constitution qui leur » donne le premier rang et la meilleure part. » Je nomme Bourgeois les propriétaires, depuis » les plus riches, seigneurs dans nos villes, » jusqu'aux plus petits, aristocrates dans nos » villages, les 2,000 fabricants de Lyon, les » 500 fabricants de Saint-Etienne, tous ces » tenanciers féodaux de l'industrie ; je nomme » Bourgeois les 150,000 électeurs inscrits au » tableau, et tous ceux qui pourront encore » augmenter la liste, si l'opposition libérale » arrive à son but et parvient à réduire le cens » à un niveau plus bas. Voilà ceux que je » nomme Bourgeois.

---

de revenu, suivant les registres de l'impôt foncier composent ce nombre de *vingt-deux millions*, mis en avant par notre ami. Mais les deux millions restant de notre troisième classe et les six millions restant de notre quatrième classe, bien que plus favorisés, sont encore des Prolétaires.

» Dira-t-on que ces deux classes n'existent » pas, parcequ'il n'y a pas entre elles une » barrière infranchissable ou une muraille » d'airain, parcequ'on voit des Bourgeois tra- » vailleurs et des Prolétaires propriétaires? » Mais je répondrai qu'entre les nuances les » plus tranchées, il y a toujours une nuance » intermédiaire, et que personne dans nos » colonies ne s'avise de nier l'existence des » blancs et l'existence des noirs, parceque » l'on voit entre eux des mulâtres et des » métis.

» Caractérisons actuellement l'intérêt des » Prolétaires et l'intérêt des Bourgeois sur » les questions qui s'agitent autour de » nous.

» Sur la question qui renferme la destinée » de la génération à venir, celle de l'instruc- » tion publique, désaccord. Les Prolétaires, » soutenus par le sentiment de l'égalité, si » actif chez les petits, demandent que l'in- » struction soit la même là où le génie est » le même, et que la constitution, qui déclare » l'égale admissibilité aux emplois, déclare » aussi l'égale admissibilité aux écoles. Ils » comprennent bien d'ailleurs que, la concur- » rence formant la seule loi de l'association » intérieure, ils seront nécessairement vain- » cus, si les armes leur manquent, et s'ils se » présentent sans ressource en face de leurs » rivaux, riches de toutes les ressources que » leur fournissent à la fois le privilége et l'édu-

» cation. Sur ce point, l'intérêt de la majorité
» de la nation est précis et évident. Mais quel
» motif pourrait engager les Bourgeois à con-
» sentir à ce que l'enfance des Prolétaires,
» soustraite au travail mécanique, fût consa-
» crée au développement intellectuel ? Quelle
» compensation trouveraient-ils plus tard à
» cette dépense faite sur les fonds communs en
» faveur des Prolétaires, à ce temps perdu à
» l'étude et voué au dangereux exercice de
» l'esprit ? Ils sentent bien que cet égal par-
» tage des lumières leur serait funeste ; car il
» rendrait leur domination moins assurée et
» leur prééminence moins facile sur cette classe
» nombreuse, qu'ils ne primeraient plus par
» la puissance intellectuelle. Il leur est aisé
» d'ailleurs d'entrevoir, à la suite de cette éga-
» lité essentielle de la capacité, un mouvement
» social nécessaire vers un état moins chargé
» de privilége et moins tolérant d'aristocratie.
» C'est donc là ce que les Bourgeois doivent
» avant tout redouter ; car ils savent bien que
» c'est le génie, et non la force, qui peut au-
» jourd'hui affranchir les Prolétaires, et ils ont
» signalé depuis longtemps le Prolétaire élo-
» quent comme aussi redoutable pour eux que
» le Spartacus antique pour les maîtres d'es-
» claves (1).

» Sur la question qui embrasse l'organisa-
» tion actuelle du pays, celle de l'impôt, dés-

(1) *Journal des Débats*, 1831.

» acord. La classe prolétaire produit la ri-
» chesse, en distrait pour son profit le strict
» nécessaire, et abandonne tout le reste au
» domaine de la classe bourgeoise. C'est sur ce
» domaine des Bourgeois fécondé par le travail
» des Prolétaires que, directement ou indirec-
» tement, l'impôt est toujours perçu. De cette
» différence de position par rapport à l'impôt,
» résulte une différence de position analogue
» par rapport au budget. Le budget doit être
» considéré comme composé de deux parts :
» l'une destinée à la solde des fonctions pu-
» bliques, l'autre destinée à l'entretien des
» établissements d'utilité générale. La classe
» bourgeoise est peu stimulée à réduire la pre-
» mière, qui lui revient presque en totalité;
» elle est, au contraire, fortement excitée à
» réduire la seconde, qui se verse, non sur
» elle seulement, mais sur la masse entière du
» peuple. La classe prolétaire est portée à
» penser tout autrement sur ce dernier cha-
» pitre, qui, destiné à ordonner ou à encou-
» rager de grands travaux, doit être pour elle
» une source nouvelle d'activité et de bien-être,
» en lui fournissant de l'ouvrage, et en l'appelant
» en outre à prendre sa part dans le produit
» de cet ouvrage. Il suit de là que les théories
» économiques adoptées par les Bourgeois
» doivent les engager à éliminer peu à peu le
» gouvernement de toute intervention sociale,
» tandis que celles qui conviennent aux Pro-
» létaires doivent les engager à demander peu

» à peu au gouvernement des mesures de
» prévoyance et d'association, et à exiger de
» lui par conséquent une garantie plus assu-
» rée et une moralité plus solide.

» Donc, sur tous ces points, désaccord,
» désaccord de sentiments et d'intérêts sur le
» présent et sur l'avenir.

» Sous la Restauration, la dissidence exis-
» tait au fond, mais elle n'était point à sa ma-
» turité, et demeurait enveloppée. La lutte à
» soutenir contre la Noblesse, que les Bour-
» bons s'essayaient à rétablir, unissait tout le
» peuple en un même intérêt politique ; et les
» Bourgeois, en représentant leurs propres
» intérêts, représentaient en même temps les
» intérêts des Prolétaires. Le mouvement de
» hausse que le commerce dut nécessairement
» éprouver à la suite des guerres de la Révo-
» lution et de l'Empire faisait circuler la vie
» du Prolétaire au Bourgeois et du Bourgeois
» au Prolétaire, et les unissait en un même
» intérêt industriel ; car à chaque accroisse-
» ment dans la production répondait toujours
» un accroissement semblable dans la consom-
» mation.

» Aujourd'hui que l'anéantissement de la
» Noblesse, préparé par les Bourgeois et ter-
» miné par les Prolétaires, est définitivement
» consommé, des intérêts négligés devant le
» danger commun, et devenus plus pressants
» par les circonstances nouvelles, se font jour.
» Le pouvoir de la Bourgeoisie, qui, en pré-

» sence du pouvoir de la Noblesse; repré-
» sentait le progrès, ne représente plus
» maintenant que la stabilité; les besoins
» d'amélioration pour le peuple se font sentir,
» et demandent un organe. La population
» ouvrière s'est augmentée de huit millions;
» et la consommation ne saurait continuer sa
» marche ascendante, si l'on ne consent à
» préparer au commerce des voies nouvelles,
» en changeant la condition politique des
» Prolétaires, et en les appelant à parlementer
» autrement que dans les rues de Lyon.

» Mais si nous pouvons affirmer que les
» vues et les intérêts ces deux classes du
» peuple sont séparés, nous pouvons affirmer
» aussi qu'ils ne sont pas contradictoires, et
» que le progrès, devenu nécessaire pour le
» maintien des sociétés, peut être acheté au-
» trement que par la guerre civile. Les Bour-
» geois et les Prolétaires sont liés par une
» nécessité puissante, celle d'éviter que la
» consommation ne soit soumise à aucun
» trouble : les uns y perdraient leurs jouis-
» sances, les autres leurs salaires. Il faut donc
» les admettre à concourir légalement au
» pouvoir et à produire la loi par un com-
» mun accord (1). »

(1) *De la nécessité d'une Représentation spéciale pour les Prolétaires*, par M. Jean Reynaud (*Revue Encyclopédique*, avril 1832.)

CHAPITRE XXXV.

Le mécanisme importé d'Angleterre n'existe plus réellement.

Nous venons de démontrer jusqu'à l'évidence que l'*imitation faite en France de la Constitution d'Angleterre est fausse par sa base.* Le législateur Louis XVIII, ou ses secrétaires, ont mal appliqué le principe essentiel du gouvernement anglais, la pondération des forces; et ils n'ont pas su voir les vrais éléments que fournissait la France pour un gouvernement d'antagonisme. Ils ont fait comme font les copistes sans génie, qui prennent les choses à la lettre. Mais, dit l'Évangile, la lettre tue, et l'esprit vivifie.

Or, s'ils se sont ainsi trompés, c'est que leur cœur n'était pas droit et pur. Partisans avoués de la Féodalité et de l'ancienne Monarchie, c'est la Féodalité et l'ancienne Monarchie qu'ils voulaient, comme nous l'avons dit, reconstruire en France, sous le voile du Parlementarisme anglais. La manière dont la Restauration a fini l'a prouvé sans réplique.

Une machine mal construite ne saurait bien fonctionner. Nous avons, je le répète, tous les inconvénients du gouvernement d'antagonisme, sans en avoir les avantages. Depuis trente ans bientôt que ce gouvernement fonctionne chez nous, il fonctionne mal. De là l'anarchie politique où nous sommes aujourd'hui tombés.

Théoriquement, comme en fait, il est bien certain que la chute de la Restauration a encore accru cette anarchie. Sous la Restauration, la tentative de régénérer la Féodalité faisait qu'il y avait, au moins fictivement, trois pouvoirs, comme en Angleterre, savoir : la Royauté, la Noblesse, et la Bourgeoisie. Il est vrai que la Noblesse n'avait qu'une valeur d'emprunt; l'insurrection de juillet, comme on l'appelle maintenant, l'a bien fait voir. La Royauté a changé de personnel, la Bourgeoisie est restée debout, mais la Noblesse a disparu. Est-ce que la Chambre des Pairs aujourd'hui représente autre chose que la Chambre des Députés? L'acte par lequel la Chambre des Députés de 1830 a décimé la Chambre des Pairs est un acte à jamais significatif dans le livre de l'histoire. Non seulement on l'a décimée, cette Chambre; mais en lui ôtant l'hérédité, on lui a ôté son caractère. J'en atteste les lamentations de ceux mêmes qui accomplirent ce sacrilége. Casimir Périer pleurait en l'accomplissant. Le perspicace M. Thiers ne retrouvait plus, disait-il, son gouvernement pondéré. Mais la Bourgeoisie fut implacable. Son duel avec la Noblesse durait depuis trop longtemps : elle fit passer le niveau de l'égalité sur ce fantôme, et l'amputa à la hauteur de sa propre tête. Que faire d'une superfluité? On a fait de cette Chambre des Pairs une espèce de tribunal arbitre entre l'esprit de cour et l'intérêt bourgeois; on en a fait aussi une cour de justice, la police correctionnelle des crimes démocratiques. Mais ce tribunal, sous toutes ses attributions, ne saurait représenter ce qui n'existe plus en France, et ce que représente la Chambre Haute en Angleterre, une aristocratie nobiliaire, une puissance dans la nation et dans l'Etat.

Nous n'avons donc plus aujourd'hui trois pouvoirs; car le troisième de ces pouvoirs n'existe plus, même au degré de fiction où il existait sous la Restauration (1). Nous n'avons

---

(1) Je lis aujourd'hui dans un journal :

« Quand la Chambre des Pairs s'est réunie dans ses bu- » reaux pour nommer la commission chargée de proposer » l'adoption de la loi de régence, quelques membres ont si- » gnalé comme une inconvenance le départ de presque tous » les Députés. Ils ont dit que, depuis douze ans, le gouverne- » ment montre peu d'égards pour la Chambre des Pairs; » qu'on ne lui marque quelque déférence que lorsqu'on veut » en obtenir des arrêts; que le zèle dynastique dont la Pairie » a fait preuve en diverses circonstances, et le rang que lui » assigne la Charte, exigeaient que la loi de régence lui fût » d'abord présentée, tandis que, dans l'état des choses, elle » n'a qu'à voter purement et simplement le projet adopté par » la Chambre des Députés, à procéder à la formule de l'enre- » gistrement.

» A ces derniers mots, un jeune membre a été interrompu » par un des confidents du Château. On lui a dit que la pru- » dence avait exigé qu'on agît comme on l'a fait; que M. Pas- » quier avait été consulté, et qu'il avait pensé que, pour ne » pas blesser les susceptibilités de la Chambre des Députés, et » afin de ne pas exposer un projet voté par la Chambre des

que deux pouvoirs, la Royauté et la Bourgeoisie. Or, je répète qu'une Constitution de pondération avec deux pouvoirs seulement est une absurdité. Qu'arrive-t-il donc? Lorsque ces deux pouvoirs sont seuls en scène, sans rien qui les inquiète du dehors, ils se mettent à l'instant aux prises. C'est alors qu'on discute, dans le Parlement et dans la Presse, si le roi

---

» Pairs à des amendements et à des critiques propres à le
» discréditer, il avait d'abord fallu saisir la Chambre élective.
» — En ce cas, aurait dit le jeune membre, ce n'est pas la
» peine de discuter ici. Nous n'avons pas le pouvoir de tou-
» cher aux œuvres de la Chambre des Députés; et cette
» Chambre, après nous avoir ôté l'hérédité, a pris un tel as-
» cendant dans les affaires publiques, que si nous prétendons
» jouer le rôle qui nous appartient, elle nous frappe d'interdit,
» en mutilant ou en modifiant une mesure adoptée par nous;
» et s'il s'élevait un conflit, nous serions contraints de céder.
» On rappelait ces paroles à M. Pasquier, qui aurait ré-
» pondu: — En ce moment, il ne s'agit pas de la Chambre
» des Pairs, mais bien de fortifier une dynastie ébranlée. En
» laissant les choses suivre le cours qu'elles ont pris, on fait
» preuve de sagesse; car la Chambre des Députés accorde
» tout ce qu'on lui demande. Si on la blessait, et qu'elle re-
» fusât quelque chose, tout pourrait être compromis. La révo-
» lution de juillet nous a imposé bien des sacrifices au dedans
» et au dehors. *Il n'y a plus de Pairie proprement dite.* Les
» principes d'ordre et de stabilité ont été remis en question;
» notre situation extérieure est très embrouillée. Il faut bien
» s'accommoder à cet état de choses; et tant que la Chambre
» des Pairs sera sage, elle fera des sacrifices d'amour-propre. »
(*Gazette de France*, du 27 août 1842.)

Lisez maintenant De Lolme sur les *privilèges de la Pairie* :
« Comme les Nobles, qui forment le second ordre après la
» Royauté, se trouvent n'avoir, et quant au poids réel, et
» quant au nombre, aucune proportion avec la totalité du
» Peuple, ils ont, d'un autre côté, reçu tout l'éclat des hon-
» neurs personnels et d'un titre héréditaire. De plus, l'étiquette

règne sans gouverner, ou s'il règne et gouverne à la fois. La Royauté et l'Omnipotence parlementaire sont en lutte; la Monarchie et la Bourgeoisie sont en guerre. Mais il y a en France, comme nous l'avons montré, sur trente-cinq millions d'habitants, tente-quatre millions d'âmes exclues, non seulement du droit politique, mais du droit économique.

» donne à leur corps une grande supériorité sur celui des re-
» présentants du Peuple. Ils sont la Maison *Haute*, et ceux-ci
» sont la Maison *Basse*. Ils sont censés plus particulièrement
» le conseil du roi, et c'est dans le lieu de leur assemblée
» qu'est son trône. Lorsque le roi vient en parlement, c'est
» de la Chambre des Lords qu'il fait citer les Communes; et
» elles y comparaissent à la barre, pour entendre sa déclara-
» tion. C'est encore auprès des Lords, comme devant leurs
» juges, que les Communes portent leurs diverses accusations.
» Lorsqu'ayant passé un bill, elles le leur envoyent pour de-
» mander leur concours, elles députent toujours un certain
» nombre de leurs membres; mais les Lords se contentent
» d'envoyer leurs bills par quelques-uns des assistants de leur
» Chambre, soit parmi les douze juges, soit parmi les maîtres
» de la chancellerie. Lorsque les modifications que l'une des
» Chambres désire apporter à un bill présenté par l'autre ren-
» dent une conférence nécessaire, les députés des Communes
» au *committee* formé alors des membres des deux Chambres,
» doivent y être découverts. Enfin les bills, quelque part qu'ils
» aient reçu leur dernière sanction, doivent rester dans la
» Chambre Haute, pour y attendre la sanction royale. De
» plus, les Lords, étant membres de la législation en vertu
» d'un droit inhérent à leur personne et pour le soutien de
» leurs intérêts propres, ont le privilége de donner leur suf-
» frage par procuration, et celui d'enregistrer un protêt contre
» les résolutions de leur Chambre. En un mot, cette partie de
» la puissance législative étant destinée à balancer souvent le
» pouvoir du Peuple, ce que ce corps n'a pu recevoir en
» force réelle, il l'a reçu en splendeur et grandeur externe; et
» lorsqu'il ne peut résister par son poids, il impose par son
» volume. » (*Constitution de l'Angleterre*, liv. II, ch. 3.)

Le revenu net de la France est concentré, comme le droit politique, dans les mains de 196,000 individus. Ces trente-quatre millions d'âmes, c'était là le troisième pouvoir qui aurait dû figurer dans la Constitution. Il n'y figure pas. Que doit-il en résulter? N'est-il pas évident que ce troisième pouvoir, bien réel dans son essence, quoique complètement nié dans sa manifestation, doit, sous toutes sortes d'apparences, venir heurter aux portes de la cité; tantôt pleurer, tantôt menacer, et rouler incessamment ses flots tumultueux autour de ces hautes murailles où la Royauté et la Bourgeoisie font leurs demeures? C'est ce qui arrive. Alors, au moindre cri d'alarme, la Royauté et la Bourgeoisie cessent leurs querelles, et rédigent de concert des lois draconiennes (1) contre le troisième pouvoir exclu de la Constitution.

Il est évident qu'il n'y a, au bout d'une pareille situation, que la ruine de la France, si la *réforme parlementaire* ne fait pas entrer dans la cité cette France qui en est exclue, cette France de trente-quatre millions d'âmes sur trente-cinq millions.

Mais comment doit-elle y entrer, et est-ce seulement d'une réforme *parlementaire*, ou bien est-ce d'une réforme *constituante* qu'il

---

(1) M. Guizot, l'homme par excellence de cette époque politique, les appelle *des lois impitoyables*.

s'agit? Ce n'est pas là ce qui doit m'occuper ici; je ne suis encore qu'à la critique.

CHAPITRE XXXVI.

Caractère qu'a pris chez nous, depuis 1830, le mécanisme importé d'Angleterre.

Tel est donc le caractère qu'a pris chez nous, depuis 1830, le mécanisme importé d'Angleterre.

Tronqué dans son essence, et réduit à deux forces au lieu de trois, ce mécanisme, fondé théoriquement sur une pondération qui n'existe plus, ne peut pas fonctionner.

Il y a réellement pondération en Angleterre, puisque ce pays n'ayant pas accompli une révolution comparable à la nôtre en 89, est un pays de Noblesse féodale propriétaire du sol, et de Bourgeois livrés au commerce. La lutte et la pondération s'établissent entre ces deux classes de la nation. La Chambre Haute représente la Noblesse; la Chambre Basse représente le Peuple. La Chambre Haute représente la propriété féodale et foncière; la Chambre Basse représente l'industrie manufacturière. On suppose dans ce gouvernement que les intérêts des simples ouvriers sont identiques avec ceux des chefs de l'industrie, des Bourgeois. Ce peut être une fiction, et l'apparition des *Chartistes* a commencé à montrer que c'est en effet une fiction. Mais enfin un pareil gouvernement est fondé sur une réalité qui remonte jusqu'à Guillaume-le-Conquérant. Deux classes, la Noblesse et le Peuple, représentées par deux Chambres, et un Roi, voilà la Constitution Anglaise. Si les deux Chambres ont des intérêts divers, comme dit Montesquieu, alors le Roi les pondère, et établit l'équilibre.

Mais en France, encore une fois, la prétendue pondération de nos Chambres est une illusion, un mensonge. Est-ce que deux éléments distincts, ayant des vues diverses et des intérêts séparés, sont représentés chez nous par la Chambre des Pairs et la Chambre des Députés? Est-ce que ces deux Chambres ne représentent pas indistinctement une pure oligarchie propriétaire ou industrielle mêlée et confondue?

Qu'arrive-t-il donc? Ce que nous voyons. Le pouvoir royal n'a pas un contre-poids suffisant ou n'est pas un contre-poids suffisant dans un pareil système. Si la Bourgeoisie est d'accord avec la Royauté, la Royauté est toute-puissante; mais alors la Bourgeoisie ne compte plus, elle est confisquée. Si, au contraire, la Bourgeoisie a une volonté décidée, la Royauté n'est qu'un roseau flexible.

La Royauté, avec une Noblesse, comme en Angleterre, aurait, même en cédant, une contenance; mais elle n'a que des soldats. Elle est donc souvent à la veille de recourir au despotisme.

Aussi, je le redis encore, dès que ce gouvernement, débarrassé des craintes que la Démocratie inspire également à ses deux branches, pourrait fonctionner tranquillement, on le voit tout-à-coup se désunir, et il paraît prêt à se dissoudre. La Royauté et l'Omnipotence de la Chambre tirent, comme on dit vulgairement, le tapis chacune de leur côté ; et des disputes interminables et dignes du Bas-Empire commencent. Pas de troisième pouvoir pour mettre ces deux-là d'accord ; et si la Démocratie ne venait pas de nouveau se jeter à la traverse, on verrait bientôt, comme le prophétise le *Journal des Débats*, le *culte de la Royauté* renaître sur les ruines de l'Omnipotence parlementaire, ou bien une catastrophe nouvelle abolirait le trône.

Mais la Démocratie apparaissant, la Constitution, par la réunion intéressée de ses deux pouvoirs, devient une machine de guerre ; et c'est une machine puissante. Car les 200,000 électeurs représentés dans le gouvernement sont en même temps les propriétaires du sol et de tous les instruments du travail.

C'est à ce jeu terrible d'armer la Constitution contre la masse de la nation condamnée à l'ostracisme et au prolétariat, que nos hommes d'Etat passent leur temps, quand ils ne le passent pas dans le jeu puéril, quoique également dangereux, de la lutte entre le Pouvoir parlementaire et le Pouvoir royal. Cette double occupation depuis tant d'années montre la portée de leur génie. Tristes marionnettes qui méritent à la fois la pitié et la colère! quand ils ne sont pas au pouvoir, ils servent l'Omnipotence parlementaire contre la Royauté; quand ils y sont, ils servent la Royauté contre le Parlement. Mais qu'ils soient au pouvoir ou dans l'opposition, ils sont toujours prêts à renier leurs anciennes croyances, leurs anciens écrits, leur libéralisme d'autrefois; car ces prolétaires parvenus ne connaissent réellement plus qu'un sentiment énergique, la peur de la démocratie, la peur du peuple. Leur rôle véritable est de servir, par la corruption, de lien entre la Royauté et la Chambre des Députés, et de rémédier, aux dépens de leur honneur, et en se faisant les agents d'une vraie prostitution politique, au vice essentiel de la Constitution, qui, au lieu d'une trinité de pouvoirs, n'offre qu'un absurde dualisme.

Il suffit, en effet, de ministres courtisans et corrompus pour mettre la représentation de l'oligarchie bourgeoise dans la dépendance de la couronne. Alors le gouvernement devient un gouvernement *personnel*, comme on dit dans la langue politique du jour.

Alors aussi tous les malheurs, toutes les fautes du gouvernement, toutes les plaies de la société sont imputées au monarque. Le gouvernement *personnel* est attaqué *personnellement*.

Et la presse la plus élevée, la plus impartiale, est bien forcée de l'attaquer ainsi. Car, en définitive, la représentation oligarchique étant corrompue, et l'immense majorité du peuple n'étant pas représentée, qui gouverne réellement? Celui qui choisit les ministres, c'est-à-dire le roi.

De là, d'abord, une série de maux infinis, dont le dernier chaînon est la folie du régicide.

Mais les ministres eux-mêmes, quel est leur sort? Sont-ce des hommes d'Etat? peuvent-ils être des hommes d'Etat? Quelle base ont-ils, sur laquelle ils puissent s'appuyer pour être des hommes d'Etat? Le peuple n'est pas représenté; il n'y a que les nobles qui soient représentés (j'entends les riches, vrais et seuls nobles actuels). Or gouverner, c'est marcher à un progrès quelconque dans l'intérêt de ceux qui ont surtout besoin de progrès, dans l'intérêt du peuple. Jamais homme d'Etat n'a pu rien faire de grand qu'appuyé directement ou indirectement sur cette même force qui faisait dire à Mirabeau dans le sentiment de la vraie puissance: « Nous sommes ici par la volonté du peuple; nous n'en sortirons pas. »

Que deviennent donc les ministres, ceux qui aiment le *métier* de ministre dans un tel gouvernement! Tranchons le mot: des *intrigants*. Obligés de se prosterner devant le monarque, faute d'une véritable représentation du peuple où ils puissent indirectement puiser leur force, ils sont cependant obligés encore de retenir le monarque, dont le rôle naturel est de tendre à l'unité, et de dire comme Louis XIV : *L'Etat, c'est moi.* Il leur faut opposer au monarque le vain simulacre de représentation gagnée par les places et les emplois dont ils disposent. Mais le monarque peut toujours leur dire : Vous savez bien que ces hommes que vous avez achetés sont à vous, et par conséquent à moi.

La même fatalité qui entraîne le monarque dans la voie d'un système tout personnel, force donc les ministres d'un gouvernement *pondéré* aussi mal pondéré à entrer dans le même système, et à n'être devant le roi que des *subalternes.*

Comment donc pourraient-ils, comme on dit en langage parlementaire, *couvrir* la Royauté?

Tandis qu'ils jouent le rôle des Crispins de comédie, la Royauté, qu'ils friponnent un jour, pour tout lui rendre le lendemain, est exposée à toutes les attaques.

Alors les passions se déchaînent, les partis s'arment, la guerre civile est patente ou latente.

Mais voici une nouvelle série de maux qui naissent de la même cause, et qui viennent accroître les dangers directs d'une pareille constituton politique.

La Presse se modèle sur la constitution même de l'Etat. L'Etat est un assemblage, sans cohésion et sans unité, de deux principes, la

Royauté et la Bourgeoisie ; la Presse devient monarchique et bourgeoise. Il suffit de deux lois pour lui donner ce caractère, et lui ôter toute clairvoyance des vrais intérêts du pays : une loi de cautionnement, une loi de timbre.

La Presse timbrée et cautionnée devient l'organe, soit de la royauté et de ses subalternes, soit des autres royautés rivales, des *prétendants*, des *déchus*, soit de la fausse représentation nationale ; c'est-à-dire des diverses nuances de la Chambre des privilégiés.

La Chambre du Peuple n'existant pas, si des journaux s'élèvent pour défendre les intérêts de cette multitude immense non représentée, s'il s'en élève, dis-je, malgré les barrières qu'on a mises à leur naissance, ils sont nécessairement déclarés anarchiques, et sont presque forcés de tourner à l'utopie révolutionnaire.

Quant à la Presse des privilégiés, elle éloigne, comme fait l'Etat lui-même, ses regards des questions sociales qui intéressent la multitude. Mais elle a des yeux de lynx pour les petits accidents de la coulisse politique. A quiconque parle de la nation, des intérêts de la nation, du peuple, des classes pauvres, des travailleurs ; à quiconque étudie sérieusement l'économie politique ; à quiconque réclame au nom de la morale et de la raison, elle dit dédaigneusement : Vous êtes un utopiste et un révolutionnaire. Pour n'être pas qualifié de ces titres, et réprouvé à ce titre, il faut, comme elle, s'occuper uniquement des imperceptibles péripéties d'un Etat où il n'y a que mystérieuses volontés et desseins occultes, d'un Etat qui vit en dehors de la Nation et en dehors duquel vit la Nation.

La Nation donc, au bout du compte, voyant que l'Etat est tel et que la Presse est telle, ne s'occupe plus de l'Etat et de la Presse que pour gémir et s'indigner.

C'est la dernière période du mal, c'est celle où nous sommes arrivés après trente ans bientôt de ce gouvernement *pondéré*, mal pondéré.

SECONDE PARTIE.

DU REVENU NET DE LA FRANCE ET DE SES DISPENSATEURS ACTUELS.

—

CHAPITRE I.

La direction des intérêts généraux livrée à l'égoïsme étroit des intérêts individuels.

Un homme plein de sagacité, qui est aujourd'hui un de nos industriels les plus en renom, et qui demain sera député, M. Emile Péreire, écrivait, il y a déjà dix ans :

« L'absence de toute vue organique, de toute » doctrine politique, de toute théorie finan- » cière ou économique, livre la direction des » intérêts généraux à l'égoïsme étroit des inté- » rêts individuels. Les convictions politiques » s'éteignent. Les plus intrépides défenseurs » du système constitutionnel voient successive- » ment se dissiper les illusions dont ils s'é- » taient longtemps bercés. *La pondération des* » *pouvoirs n'est plus qu'une chimère; et le*

» *lien d'amour qui doit exister entre les* » *membres de la société et ceux qui la di-* » *rigent n'est plus qu'un rève fabuleux*, bon » tout au plus à orner les discours officiels du » nouvel an (1). »

Si cela était vrai il y a dix ans, combien cela doit paraître évident aujourd'hui ! Les *convictions politiques* sont aujourd'hui au même niveau que la *pondération des pouvoirs* et le *lien d'amour* dont parlait M. Péreire.

Pondération des pouvoirs, chimère ! Cela n'existe pas, et ne saurait exister ; car l'imitation faite en France de la Constitution d'Angleterre est fausse par sa base. Nous nous sommes attachés à le prouver dans la première partie de cet écrit, et nous l'avons prouvé jusqu'à satiété.

Principes politiques, liens moraux entre les gouvernants et les gouvernés, autre chimère ! Il n'y a de principes politiques que ceux proclamés par la Révolution Française, héritière du Christianisme et de toute l'Humanité. Or ces principes s'appellent *Liberté, Fraternité, Egalité*, et leur ensemble s'appelle *Souverai-du Peuple*. Vous voyez bien qu'aujourd'hui ce sont des chimères.

Qu'y a-t-il donc dans le monde ? Il y a *le fait*, comme le répètent à l'envi nos ministres, nos députés, nos journalistes ; le fait, toujours

---

(1) *Revue Encyclopédique*, janvier 1832.

le fait, rien que le fait. Le fait est tout; de droit, on n'en connaît plus. La raison, c'est le fait; il n'y a pas d'autre idéal que le fait.

Parlons donc du *fait*. Parlons de la politique *vraie*. C'est-à-dire, laissons la politique proprement dite, et parlons du REVENU NET, qui comprend aujourd'hui toute la politique...

CHAPITRE II.

Définition de la France.

Effacez de votre esprit, rayez de votre mémoire toutes les *hableriès* de tribune ou de presse; que tout cet amas obscur de paroles interminables se dissipe comme un nuage de poussière qui obscurcissait votre vue; que la lumière, brillant enfin à vos yeux, vous révèlela réalité;... et il vous apparaîtra ce *fait :*

La France est un grand atelier de travail et de production qui compte trente millions de salariés, quatre millions de petits propriétaires dont le revenu égale à peine la stricte subsistance, et un million de moyens et grands propriétaires dont le revenu excède la subsistance. Les trente millions de salariés n'ont aucune part à l'*économie politique* de la France, puisque, dans le phénomène de la production, ils sont salariés; ils n'ont également aucune part à la *politique* de la France, puisque la Constitution ne reconnaît que 180,000 électeurs. Quant aux quatre millions de petits propriétaires dont le revenu égale la subsistance, ils n'ont qu'une très faible part à l'*économie politique*, puisque, dans le phénomène de la production, le revenu de leur capital acquis est sans cesse absorbé par leur subsistance; et ils n'ont, comme les Prolétaires, aucune part dans la *politique*, puisque la Constitution ne reconnaît que 180,000 électeurs. Donc l'*économie politique* et la *politique* de la France sont uniquement le partage d'un million d'individus, représentés par 180,000 Propriétaires. Ceux-là sont les électeurs, et sont aussi les propriétaires; ceux-là ont le droit économique et le droit politique; ceux-là ont tous les droits; ceux-là sont les dispensateurs uniques du revenu net de la France, montant, comme nous l'avons vu, à quatre milliards six cents millions (1).

---

(1) En y comprenant les 800 millions prélevés par le Budget sur les salaires. Voyez la Première Partie de cet écrit, chap. xxxi : *A quelle somme s'élève le revenu net de la France?* Voyez aussi ce qui va être dit tout-à-l'heure.

CHAPITRE III.

On concède aux privilégiés que c'est entre leurs mains que se forme le revenu net.

Examinons s'il y a justice, utilité, convenance, à ce que 180,000 individus disposent arbitrairement du revenu net de la France, montant à quatre milliards six cents millions.

Notre critique n'est pas déloyale. Commençons donc par faire à ces privilégiés, ou aux défenseurs de leurs priviléges, une concession importante.

Il est bien certain que c'est entre les mains de ces 180,000 individus que, par suite de l'organisation actuelle de la société, ce capital existe et se reforme sans cesse. Eux seuls, dans la ruche sociale, voient ce miel naître dans leurs cellules; il n'y a que cire ou vide dans toutes les autres. Ce ne sont pas, je l'ai déjà dit (1), les quatre millions de mendiants, ni les quatre millions d'indigents, ni les quatre millions de salariés, ni les dix-huit millions de prolétaires à 18 francs de revenu, qui sont en état de former directement le revenu net. Non; les trente millions de Prolétaires n'ont qu'une

(1) Voyez la Première Partie de cet écrit, chap. XXIX : *Où est le capital de la France*.

participation indirecte à la création d'un capital quelconque. Ils vivent de salaire, et, pris en masse, il ne peut leur échoir aucun excédant de ce salaire sur leur subsistance ; car autrement, en vertu de la concurrence, ce salaire diminuerait à l'instant même. Ils ne jouent donc dans le phénomène de la production que le rôle d'instrument. Il est vrai que, de cette masse de trente millions, il s'élève incessamment des hommes qui parviennent à la fortune; mais ces exceptions ne changent rien à la condition générale. La règle est que le capital seul engendre le capital. Des spéculations immorales dans le commerce, l'industrie, et les fonds publics, de singuliers hasards, la prostitution, le vol, peuvent faire passer des Prolétaires à la condition de Capitalistes. Le budget aussi est une mine d'or pour un certain nombre de Prolétaires habiles. Mais, tandis qu'ils s'enrichissent, tous ces échappés du Prolétariat n'accroissent pas le revenu net ; et ce n'est réellement que lorsqu'ils tiennent leur place parmi ceux qui possèdent le capital source de ce revenu net, qu'ils servent pour leur part à former ce revenu.

Nous confessons donc que, dans l'organisation actuelle de la société, les Propriétaires seuls ont par essence une intervention directe sur la formation du revenu net de la France. Ces Propriétaires, comme nous l'avons vu, sont au nombre de cinq millions. Mais, de ces cinq millions, il y en a quatre qui n'ont de revenu acquis que leur stricte subsistance, et qui vivent, pour le surplus, de salaires. En bonne théorie, ce ne sont donc pas encore ceux-là qui reforment sans cesse ou accroissent le revenu net. Sans doute cette classe, qui se trouve à la limite du revenu et du salaire, suspendue et comme en équilibre entre la pauvreté et la richesse, est loin d'être inactive dans la production. C'est, au contraire, la plus remuante; c'est d'elle que sortent en général les commerçants, les industriels, les spéculateurs. Elle touche, par sa position, aux deux extrémités de la chaîne sociale, et elle met en rapport le travail avec le capital, dans la vue d'en profiter. Qu'il s'élève incessamment de son sein des hommes qui s'enrichissent, et même dans une plus grande proportion relative que du sein des classes prolétaires, cela est indubitable; mais il faut dire d'eux ce que nous venons de dire des Prolétaires heureux. Ce n'est pas pendant qu'ils s'enrichissent qu'ils accroissent le revenu net de la France. Pendant qu'ils s'enrichissent, ils déclassent à leur profit ceux qui étaient riches quand eux étaient pauvres, et voilà tout. Ils s'arrondissent aux dépens des anciens dispensateurs du revenu net; et ce n'est que lorsque cette opération de déclassement est opérée à leur profit, qu'ils ont une influence directe sur le revenu net de la France. En un mot, il n'y a que 180,000 moyens et grands Propriétaires qui puissent directement accroître ce revenu net, et en réalité ce sont ces 180,000 seulement qui le reforment sans cesse. Le capital source de ce revenu est entre leurs mains; c'est entre leurs mains par conséquent que ce revenu retourne comme à sa source. Telle est la loi exacte et certaine de la production dans l'organisation actuelle de la société.

Mais de ce que ce revenu est entre leurs mains, doit-on en conclure qu'ils ont seuls intérêt à en disposer et droit d'en disposer? *That is the question.*

CHAPITRE IV.

L'importance du revenu net considérée de nouveau.

Avant de traiter cette question, voyons encore toute l'importance de ce revenu, et ce qui se passe aujourd'hui relativement à sa formation et à son accroissement.

Toute la civilisation française se résume véritablement dans ce revenu net. Travaux et souffrances de nos devanciers sur la terre, héritage des antiques nations transmis à la nation de Clovis et de Charlemagne, découvertes de tous les savants dans toutes les sciences, chants de tous les poëtes, élans de toutes les âmes, labeurs sous toutes les formes, tout dans le passé est venu aboutir d'une certaine façon à ce revenu, qui donne la vie à tout.

Supposez que, par un coup du ciel, ce revenu soit enlevé subitement à la France, la France retomberait immédiatement dans la barbarie. Elle posséderait, il est vrai, dans la nature intime de ses habitants, dans leur communauté d'origine et de langue, dans leur patriotisme et dans leur degré de moralité, la source première de ce revenu ; elle posséderait, en outre, le sol et l'outillage général qui couvre ce sol, c'est-à-dire le capital matériel qui, sous l'influence fécondante de cette moralité et de cette civilisation, en même temps que de ce revenu net, produit le revenu général, ou le revenu brut. Mais à quoi serviraient et ce sol et tous ces instruments de travail, à quoi serviraient cette moralité et cette civilisation ? Tout cela serait inutile pour une production instantanée. A moins que les autres nations ne vinssent à notre secours par l'emprunt, comme cela est arrivé en partie à l'époque de l'invasion, où les puissances étrangères firent une profonde saignée à notre revenu net ; à moins, dis-je, d'un tel secours, la France rentrerait dans le chaos. Si l'on peut raisonner par vague estimation en ces sortes de choses, la France, qui, sous Louis XIV, payait à ce monarque deux cent millions d'impôts, n'avait alors que deux milliards de revenu net (1). Aussi ne comptait-elle

(1) Il semblerait même qu'elle en avait beaucoup moins, si l'on en jugeait au premier coup-d'œil par l'estimation qu'en

que dix-sept millions d'habitants. Si elle en a maintenant près de trente-cinq millions, c'est parceque, son unité s'étant accomplie sous Louis XIV, elle est parvenue, en un siècle et demi, à doubler son revenu net.

Chaque année donc, ou plutôt à chaque instant, les détenteurs de cette précieuse et fécondante réserve la mettent à la disposition du travail ; ce qu'ils font, comme nous l'avons vu, de deux manières : 1° par le milliard quatre cents millions du budget ; 2° par l'emploi se-

---

faisait alors du revenu annuel des citoyens, sorte de revenu brut qui comprend à la fois le revenu net et les salaires, c'est-à-dire tout ce qui reste du revenu brut proprement dit, après défalcation des semences et des frais matériels de la production. « Sous Louis XIV, dit M. Ch. Dupin, le revenu annuel » des citoyens était évalué, en 1698, à 1,020,090,000 livres. » Mais il faut ajouter à cette somme les 200 millions d'impôts que percevait le roi, et il faut tenir compte aussi de la dépréciation du signe monétaire. Ce milliard 200 millions représentait trois à quatre milliards de notre monnaie. Il faut considérer en outre qu'à cette époque le revenu brut se confondait en grande partie avec le revenu net. La population industrielle n'était encore qu'une fraction minime dans la population totale, et le peuple des campagnes vivait sur la terre. Une observation pleine de justesse, qui appartient à l'école de Quesnay, confirme bien ce que nous disons là. Car cette école avait remarqué que « la masse du numéraire d'une nation agri» cole est à peu près égale au produit net annuel des biens» fonds. (*Encyclopédie Methodique*, art. *Argent*.). » Or, à l'époque de Louis XIV, la masse du numéraire en France était calculée précisément à un milliard 200 millions. La somme que M. Ch. Dupin présente, d'après des autorités que nous ignorons, comme composant le revenu brut annuel des citoyens, était donc en même temps la somme même ou la totalité du numéraire, et sensiblement le produit net annuel des biens-fonds, ou le revenu net.

cret de trois milliards deux cents millions. Moyennant cet acte de souveraineté qu'ils exercent, la France travaille et vit. S'ils n'exerçaient pas cet acte de souveraineté, la France ne travaillerait ni ne vivrait, et eux-mêmes ne pourraient continuer à vivre.

Ils font donc cet acte de souveraineté : alors tout le mécanisme de la production commence. C'est le contact électrique, pour ainsi dire, de cette réserve qui anime l'or et l'argent, ces choses improductives par elles-mêmes ; c'est ce contact qui vivifie la terre ; c'est lui qui met en activité les machines et tous les instruments mobiliers ; c'est lui qui fait travailler les hommes. Par lui, les trois ou quatre milliards de numéraire que l'on suppose exister en France prennent une valeur ; les champs, qui sans la culture ne produiraient rien ou presque rien, produisent ; quarante-cinq millions d'hectares sont cultivés ; les produits de la terre sont transformés par l'industrie ; le commerce fait circuler dans la nation ces produits de la terre sous leurs formes naturelles ou sous leurs formes acquises, et vingt ou vingt-cinq millions d'affaires commerciales, ventes, achats, virements de fonds, s'effectuent à l'intérieur de la France, sans compter le commerce extérieur. Trente-quatre à trente-cinq millions d'individus entrent dans ces phénomènes. Voyons comment ils y entrent.

CHAPITRE V.

Résumé de ce qui a été établi précédemment sur le classement général des citoyens.

Ils y entrent à titre de mendiants, d'indigents, de salariés sans aucune propriété foncière, de prolétaires n'ayant de revenu acquis que leur logement assuré, de très petits propriétaires jouissant d'un revenu foncier suffisant à peine à leur stricte subsistance, de moyens propriétaires jouissant d'un revenu quatre fois plus considérable, et enfin de grands propriétaires. Ce sont, en effet, les sept classes que nous avons distinguées dans la nation.

Ici nous demandons au lecteur de reporter un moment son attention sur les faits établis dans la Première Partie de cet écrit; car, puisque nous nous proposons de faire la comparaison des salaires et du revenu net, il est nécessaire que nous ayons sous les yeux le tableau des diverses catégories de citoyens qui prennent part soit à ces salaires, soit à ce revenu net.

Or, 1° nous avons montré qu'il existe en France huit millions de mendiants et d'indigents.

Voici en résumé nos preuves sur ce point.

Le paupérisme officiel a pour théâtre unique la population urbaine, c'est-à-dire la population des villes et bourgs au-dessus de cinq mille âmes. Cette population, suivant le recensement exact donné par la *Statistique officielle*, est de 5,041,302 habitants. On suppute qu'il faut doubler ce nombre pour comprendre les banlieues. La population urbaine totale est, à ce compte, de dix à douze millions, au maximum. Le paupérisme officiel n'embrasse donc, des trente-quatre millions et demi qui composent la population générale de la France, que dix ou tout au plus douze millions. Or quel est le chiffre de ce paupérisme officiel ?

A Paris, il est bien constaté par les recensements annuels que plus du tiers de ceux qui y meurent meurent dans les hôpitaux, tandis que le quart de ceux qui y naissent naissent dans ces mêmes hôpitaux. On peut prendre, comme nous l'avons fait (1), l'*Annuaire du bureau des longitudes*, qui donne à ce sujet des tables dressées avec le plus grand soin par la Préfecture de la Seine ; et on verra qu'en moyenne, sur 24 ou 25,000 décès, il y en a 10,000 dans les hôpitaux, dans les prisons et à la Morgue. On chercherait vainement un plus irrécusable indice de l'intensité du paupérisme. Cette mortalité dans les hôpitaux est-elle un phénomène particulier à Paris ? Non ; il en est à peu près de même

(1) Voy. la Première Partie, ch. XVI.

à Lyon et dans quelques autres grandes villes. Le paupérisme réel des douze millions de population urbaine serait donc, suivant cette proportion, de quatre millions. Il est vrai que quand on prend tout l'ensemble de la population urbaine, on ne trouve plus qu'une mort à l'hôpital sur huit ou neuf (1), au lieu de une sur trois. Mais il est notoire que partout ailleurs que dans les très grandes villes, l'indigent a une invincible horreur pour l'hôpital. Il est donc constant, d'un côté, qu'à Paris, à Lyon, et dans quelques autres villes, la mortalité dans les hôpitaux indique de la façon la plus positive une indigence de 1 sur 3, ou 4, tandis que l'on ne peut nullement conclure, du rapport général observé à cet égard pour la totalité de la population urbaine, que cette indigence soit beaucoup plus faible.

Mais si, laissant cette considération, toute solide qu'elle soit, nous examinons directement le budget officiel du paupérisme, voici ce que nous trouvons.

Le Rapport de M. de Gasparin sur les hôpitaux et établissements de bienfaisance, rédigé en 1837 d'après les faits relatifs à 1833, constate que 1,120,961 individus appartenant à la classe indigente ont été secourus pendant cette année par les bureaux de bienfaisance ou admis dans les hôpitaux. Mais ce Rapport, ainsi

(1) Exactement 1 sur 8,94.

qu'Eugène Buret en a fait la remarque (1), est incomplet, en ce que, pour les hôpitaux et hospices relevant du ministère de l'intérieur, c'est-à-dire pour les hôpitaux de 72 villes principales du royaume, l'administration a donné, non pas le chiffre des admissions dans l'année, mais le chiffre de la population de ces hôpitaux à une certaine époque. Or la population habituelle des hôpitaux est aux admissions annuelles comme 30 est à 84. La population indiquée pour les hôpitaux ressortant du ministère de l'intérieur étant de 55,000, il faut, d'après cette proportion, augmenter de 154,000 le chiffre donné par M. de Gasparin, ce qui fournit un total de 1,274,961. En ajoutant ensuite à ce nombre celui des détenus dans les prisons, dans les bagnes, dans les maisons de correction, lequel est d'environ 35,000, on obtient, pour le chiffre déclaré du paupérisme officiel, 1,309,961. Mais il est évident qu'il faut tripler ce nombre, si l'on veut calculer l'indigence réelle manifestée par cette indigence officielle et déclarée. En effet, nous appelons indigente toute la population qui fournit des malades aux hôpitaux, des détenus aux prisons et aux bagnes, des pauvres aux bureaux de charité, des enfants abandonnés aux hospices. Un ouvrier n'entre pas à l'hôpi-

(1) *De la Misère des Classes laborieuses en Angleterre et en France*, tom. I, p. 251.

tal, soit pour y recouvrer la santé, soit pour y mourir, sans que sa famille, dans le plus grand nombre des cas, ne tombe dans une véritable indigence, qui alors n'est pas constatée. Un malade des hôpitaux représente donc en moyenne plus d'un indigent, et on peut même dire qu'en moyenne il en représente plus de trois. Il en est de même des détenus dans les prisons. Ces condamnés ne sont qu'une faible partie des délinquants, et ces condamnés ont une famille. Il en est encore de même pour le chiffre des enfants trouvés; car l'enfant secouru dénote en général des parents plongés dans une misère extrême, ou une mère abandonnée à la prostitution. Enfin, quant aux secours à domicile distribués par les bureaux de bienfaisance, il est évident que ces secours, si minimes d'ailleurs, exigeant des formalités regardées comme honteuses à remplir, et par lesquelles on s'attache à restreindre le paupérisme, une multitude d'indigents aussi réels que les indigents acceptés comme tels sur les contrôles n'y prennent aucune part. Il est donc impossible de ne pas conclure, comme le baron de Morogues, comme Eugène Buret, et comme tous les statisticiens qui ont approfondi cette matière, que le chiffre du paupérisme officiel n'est qu'un élément du paupérisme réel, et que ce paupérisme réel est environ triple du paupérisme officiel.

Qu'on y réfléchisse un instant, et l'on verra que si l'administration reconnaît elle-même un million trois cent mille indigents dans la population urbaine, c'est un indice certain qu'il y en a au moins quatre millions. N'est-il pas évident, en effet, que, pour fournir aux bagnes, aux prisons, aux hôpitaux, aux hospices, aux bureaux de bienfaisance, cette proie de un million trois cent mille indigents reconnus, constatés, il en faut un bien plus grand nombre, qui servent, pour ainsi dire, de réservoir à ce paupérisme officiel? La veille du jour où un pauvre ménage se décide à se faire inscrire à l'indigence, et obtient, après des formalités et une enquête, d'y être inscrit, ce ménage était déjà indigent. Le lendemain du jour où un ouvrier père de famille entre à l'hôpital, il y a, comme je l'ai remarqué plus haut, toute une famille indigente dont l'indigence n'est pas constatée. Le vol sous toutes ses formes, et la prostitution, figurent à peine, et comme pour mémoire, dans le chiffre officiel. Tous ces prolétaires, comme dit M. Granier de Cassagnac, qui, « ne pouvant ou ne voulant ni » travailler ni mendier, dérobent pour vivre, » ou se prostituent pour vivre, » restent, pour le plus grand nombre, en dehors de ce chiffre administratif; et cependant ce sont bien des indigents, et à notre avis ce sont les plus indigents de tous. Le paupérisme officiel, tout effrayant qu'il soit en lui-même, n'est donc qu'un leurre et une tromperie pour l'esprit qui s'arrête au chiffre déclaré; mais, avec un peu de réflexion, ce chiffre jette sur le paupérisme réel une grande lumière. Toutes les supputations conduisent à penser qu'il est au paupérisme réel dans la proportion du tiers, ce qui donnerait pour l'indigence réelle de la population urbaine environ quatre millions.

Le rapport fourni par la mortalité dans les hôpitaux des grandes villes se trouve donc parfaitement confirmé par les supputations que l'on peut faire au moyen du chiffre de l'indigence déclarée.

Mais ces quatre millions d'indigents ne concernent que la population urbaine, la population des villes et gros bourgs au-dessus de cinq mille âmes. Il reste les deux tiers environ de la population générale de la France, et par conséquent le paupérisme de ces deux tiers. Il faudrait être aveugle et privé de sens pour s'imaginer que, tandis que le tiers de la population présente une si effroyable indigence, les deux autres tiers en sont exempts. Le préjugé répandu sur la petite propriété agricole fait imaginer, il est vrai, que le séjour des campagnes diffère beaucoup sous ce rapport du séjour des villes, et que les prolétaires agricoles, parcequ'ils possèdent une cabane ou un arpent de terre, sont à l'abri de l'indigence. Mais ceux qui se font ces illusions devraient penser que l'industrie n'est pas étrangère à la population des bourgs au-dessous de cinq mille âmes, et que lors même que l'agriculture ne laisserait pas d'indigents après elle (ce qui est le plus grand de tous les mensonges), l'industrie ; après avoir encombré les villes de misérables, on devrait encore laisser un grand nombre dans ces bourgs au-dessous de cinq mille âmes. En fait, tout le monde sait que la mendicité existe dans toutes nos communes rurales, et dans un très grand nombre de villes. La Restauration ayant abandonné l'œuvre commencée par Napoléon pour la destruction de la mendicité, parce qu'elle jugeait cette œuvre impossible, le mal a dû s'accroître et s'est accru prodigieusement avec la population. Jusqu'ici on n'avait aucune indication officielle relativement au chiffre de la mendicité. Tous les statisticiens qui s'occupent de la misère publique regrettaient cette immense lacune. Nous avons vu ce qu'écrivait à ce sujet Eugène Buret, dans son livre publié il y a deux ans : « C'est sur le tiers seulement de la population de la France, disait-il, que nous avons » des données. Les deux autres tiers souffrent » et meurent à domicile sans participer aux » secours officiels. La plus grande partie des » habitants du pays, la nation agricole, ne » contribue presque pour rien au recrutement » des hôpitaux et des bureaux de charité. La » misère des campagnes échappe à toutes nos » appréciations ; elle reste à la condition latente. La mendicité n'est pas régularisée par » une mesure générale dans toute la France. » Pendant que quelques villes, possédant des » dépôts, continuent de traiter la mendicité » comme un délit, d'autres, et c'est le plus

» grand nombre, la permettent avec autorisa-
» tion, et même la tolèrent sans condition.
» Quant à toutes nos communes rurales, l'au-
» torité laisse circuler librement, de porte en
» porte, le pauvre qui mendie, etc., etc. » Mais l'administration a enfin jeté quelque jour sur ce côté de la plaie sociale.

Le 24 février 1840, une circulaire partit du ministère de l'intérieur, adressée à tous les préfets. « Il a semblé à l'administration, disait
» cette circulaire, que le temps est venu de
» s'occuper de ce grave sujet, la mendicité, et
» de préparer les éléments d'une législation
» nouvelle. » Une vaste enquête était donc ordonnée, à l'effet de dresser une statistique générale et aussi détaillée que possible de tous les pauvres et mendiants de chaque département. L'enquête a eu lieu; des commissions communales, cantonnales, et d'arrondissements, ont transmis à une commission centrale, établie dans chaque préfecture, leurs réponses à toutes les questions contenues dans six vastes tableaux, préparés avec soin par les statisticiens ministériels. L'enquête a eu lieu, dis-je; elle a duré deux ans, elle est terminée. Or, quel en est le résultat?

Une note qu'on a tout lieu de croire officielle, insérée, il y a trois mois, dans les journaux ministériels et autres, en rappelant cette enquête et en annonçant la préparation d'un projet de loi bien nécessaire sur la mendicité, porte la statistique des mendiants à quatre millions. Ce nombre est effrayant sans doute, et toutefois ne paraît nullement exagéré. Car si la population urbaine, montant à 10 ou 12 millions, donne quatre millions d'indigents, peut-on s'étonner que le reste de la population, montant à 23 ou 25 millions, donne quatre millions de mendiants ?

2° Après ces huit millions, qui forment ce que les statisticiens appellent les classes infimes de la société, il faut distinguer environ quatre millions de salariés sans aucune propriété foncière. Ce nombre est un *minimum* certain, et on peut dire incontesté. Car les supputations même exagérées que l'on déduit des cotes de l'impôt foncier n'élèvent le nombre des participants à la propriété foncière qu'à vingt-deux millions. Or, la population générale étant de trente quatre millions et demi, il reste douze millions et demi de Français en dehors de cette propriété foncière. Donc, les classes infimes étant calculées à huit millions, il se trouve encore un excédant de quatre millions et demi de salariés sans aucun titre de propriété foncière. Ne voulant néanmoins rien changer aux bases de calcul employées par M. de Rambuteau, dans son Rapport de 1833 (1), et par quelques statisticiens à sa suite, nous n'avons porté ce

(1) « Le sol de la France est possédé par plus de *cinq millions de propriétaires chefs de famille*, représentant environ » *vingt-deux à vingt-cinq millions* de la population. » (*Rapport à la Chambre des Députés*, Avril 1833.)

nombre qu'à quatre millions, que nous avons répartis, d'après des données probables, de la manière suivante :

Un million et demi de la population dite manufacturière, vivant assez régulièrement de salaires pour ne pas tomber dans l'indigence ;

Un demi-million de marchands ou employés de commerce intérieur ou extérieur jouissant de la même condition ;

Un demi-million d'aides de l'agriculture n'appartenant pas aux familles agricoles qui figurent sur les registres de l'impôt foncier, et vivant de même assez régulièrement de salaires pour ne pas tomber dans la mendicité ;

Enfin, un million et demi fourni par les professions dites libérales, la classe des fonctionnaires publics, le clergé, l'armée, la marine, la domesticité dans les villes.

3° Nous avons suivi, pour le surplus de la population, les indications positives fournies par les registres de l'impôt foncier.

A 2 cotes 1/5 pour un propriétaire, ce qui est l'estimation que font les statisticiens un peu moins téméraires que M. de Rambuteau, et à cinq personnes par famille, les huit millions de cotes de 5 francs 95 centimes en moyenne donnent dix-huit millions d'individus ayant un revenu de dix-huit francs.

D'après la même estimation, les deux millions cent soixante mille cotes de 61 francs en moyenne donnent quatre millions cent cinquante mille individus ayant un revenu de 128 francs, et sept cent cinquante mille ayant un revenu de 491 francs.

Enfin, les cent mille cotes dont la moyenne est 656 francs donnent quarante-six mille propriétaires chefs de famille, représentant deux cent trente mille personnes jouissant d'un revenu foncier officiel de deux mille francs.

Ce calcul des cotes de la contribution foncière, dans lequel, nous le répétons, nous avons tenu à suivre les bases adoptées par nos adversaires, nous a conduit à une évaluation supérieure au chiffre de la population véritable. Mais nous avons montré que l'objection que l'on nous ferait sur ce point tournerait à notre avantage. Le nombre des propriétaires ne peut que diminuer à cette objection, tandis que celui des prolétaires ne peut qu'augmenter. L'erreur, en un mot, ne porte pas sur les trois premières classes, celle des mendiants, des indigents, des salariés sans propriété foncière; elle porte sur les familles participant à la propriété foncière, qui ne doivent pas être calculées si haut.

Dans ce qui va suivre, nous ne prendrons pas la peine de rectifier cette erreur. L'intérêt de la vérité ne l'exige nullement. Il est trop évident qu'il ne s'agit pas pour nous d'une statistique exacte de la population numérique, ni d'une appréciation parfaitement rigoureuse de la part du salaire et de la part du revenu net, mais uniquement des rapports généraux des différentes classes, et d'une appréciation approximative des salaires et du revenu net.

En résumé donc, voici le classement général et par grandes masses que nous avons obtenu :

1re CLASSE. .	4,000,000	mendiants.
2e CLASSE. .	4,000,000	indigents.
3e CLASSE. .	4,000,000	salariés sans aucun titre de propriété foncière.
4e CLASSE. .	18,000,000	ne possédant pas l'instrument de travail nécessaire à leur subsistance, mais n'ayant que le logement ou un morceau de terre d'un revenu équivalent à ce logement.
5e CLASSE. .	4,150,000	jouissant officiellement d'un revenu foncier de 128 fr.
6e CLASSE. .	750,000	jouissant officiellement d'un revenu foncier de 491 fr.
7e CLASSE. .	230,000	jouissant officiellement de deux mille livres de rente en propriété foncière.
TOTAL. .	35,130,000	

Ou, en renversant ce tableau, pour présenter la pyramide sociale dans le sens où l'on est habitué à la considérer, et en réduisant ces nombres à ceux des chefs de famille :

Familles propriétaires.

46,000	grands propriétaires.
150,000	moyens propriétaires.
830,000	très petits propriétaires.
1,026,000	

Familles prolétaires.

3,600,000	ayant le logement assuré.
800,000	ayant tout à gagner, même leur logement, par le salaire.
800,000	indigentes.
800,000	mendiantes.
6,000,000	

Ce résumé nous était indispensable. Maintenant que nous avons sous les yeux le dénombrement des classes prenant part soit aux salaires, soit au revenu net, établissons leur situation réciproque.

CHAPITRE VI.

A combien montent les salaires. — Classe des mendiants.

La *première classe*, celle des *mendiants*, est composée de quatre millions. A combien faut-il estimer la subsistance de cette classe?

On connaît le calcul de Lagrange sur la plus petite subsistance indispensable. Consultés par l'Assemblée Nationale, et ensuite par la Convention, sur les ressources alimentaires de la France, au moment où, attaquée par toute l'Europe, la France ne pouvait compter que sur elle-même, Lagrange et Lavoisier se mirent à l'œuvre pour reconnaître quelles pouvaient être ces ressources. La triple comparaison de la consommation journalière moyenne du soldat, de l'habitant de Paris, et de chaque individu de la France entière, d'après le rapport des produits à la population, conduisit Lagrange à conclure que la consommation indispensable peut être évaluée à très peu près à 900 grammes de nourriture journalière par individu, quotité au-dessus ou au-dessous de laquelle commence l'aisance ou la souffrance, et dans la composition de laquelle la plus ou moins grande proportion de la viande devient la mesure du bien-être ou de la misère. Dans ces derniers temps, un savant, M. Dutens, a repris ce calcul par une autre voie que Lagrange. Il a supputé, pour les deux années 1815 et 1835, ce que la consommation en céréales, pommes de terre, légumes frais, fruits, châtaignes, viande, lait, beurre et fromages, volaille, œufs et poissons, aurait dû donner à chaque individu, si la répartition en eût été égale; et il a trouvé qu'en 1815 chaque individu aurait eu un *module* ou part alimentaire de

1 kilogramme 10 grammes, d'une valeur annuelle de 110 francs, et qu'en 1835, année plus fertile, la part de chacun eût été de 1 kilogramme 41 grammes, ou en argent de 120 francs (1). En prenant une moyenne entre ces deux années, la part de chaque individu serait donc de 115 francs, ce qui donne par jour 31 centimes et demi.

On ne sera donc pas étonné lorsque nous dirons que le mendiant, dont la nourriture fait d'ailleurs presque toute la dépense, n'ayant certes pas sa part alimentaire composée comme M. Dutens la compose, doit éprouver au moins une réduction du tiers sur la moyenne de toute la France.

Les statisticiens, en général, évaluent à cinq sous par jour, pour chaque individu, la subsistance des classes infimes de la société. M. de Morogues compte sept à huit millions d'individus en France vivant à ce taux de 25 centimes (2). Ce taux est encore supérieur à ce-

---

(1) *Essai comparatif sur la formation du revenu de la France en 1815 et 1835.* — Avant M. Dutens, le nouveau *Dictionnaire du Commerce* avait évalué la consommation moyenne par jour et par tête, des principales substances alimentaires, à 1,000 grammes, et présenté cette évaluation à la fois comme un fait, et comme un *minimum* indispensable. M. Dutens trouve, en fait, que la consommation moyenne est supérieure à 1,000 grammes; mais il se rapproche de l'estimation de Lagrange relativement au *minimum* indispensable, qu'il fixe à 950 grammes.

(2) Le baron de Morogues porte à 7,500,000 le nombre de ceux qui n'ont que 91 fr. à dépenser annuellement, ou 25

lui auquel on est parvenu à faire vivre les prisonniers dans certains départements (1). Il est donc assez probable que la subsistance des mendiants ne le dépasse pas, et ne l'atteint même pas en moyenne. Les prisonniers sont, en général, adultes, tandis que les mendiants comptent beaucoup d'enfants et de vieillards. A cinq sous par individu, une famille de mendiants composée de 5 personnes réunirait 25 sous par jour, en argent ou en nature, somme que ne réunit assurément pas un nombre considérable de familles salariées non comprises dans cette classe. Estimons donc que la subsistance des quatre millions de mendiants n'excède pas quatre sous par jour; ou 73 francs par an, pour chaque individu, ce qui donne un total de 292 millions par année.

Comment cette classe se procure-t-elle chaque année cette somme ou son équivalent en nature? Si nous avions la précieuse statistique que l'administration nous promet, nous le saurions. Le travail agricole ou industriel doit entrer pour une partie dans ce budget des mendiants, les secours des communes et des départements pour peu de chose; la mendicité fait le reste.

---

centimes par jour. Nous citerons plus loin l'ensemble de ses calculs.

(1) On est parvenu dans le Morbihan à réduire à 6 francs 80 centimes la dépense mensuelle de chaque détenu.

CHAPITRE VII.

Suite. — Classe des indigents.

La *seconde classe*, que nous avons nommée des *indigents*, et qui compte également quatre millions d'âmes, doit être évaluée un peu plus haut, quant à la subsistance.

Ce n'est pas qu'il y ait une grande différence entre la condition de la majorité de cette seconde classe et celle de la majorité de la première ; mais les indigents vivent dans les villes, où tout est plus cher. Nous avons fait figurer dans cette classe les malades des hôpitaux et les prisonniers, dont l'entretien, en général, excède de beaucoup 25 centimes. A Paris, on n'a pas pu réduire à moins de 80 centimes par jour la dépense des individus renfermés dans les grands hospices de Bicêtre et de la Salpêtrière. Il est vrai que dans certains hôpitaux des départements, on est parvenu, avec 49 centimes pour chaque malade, à suffire aux frais de nourriture, de vêtements, de chauffage, d'éclairage, de pharmacie, de solde d'employés et même d'entretien des bâtiments. Le gouvernement alloue aux départements 40 centimes par tête pour les détenus. Mais il faut considérer, d'un autre côté, que la majorité de cette classe indigente vit beaucoup plus misérablement que les prisonniers. D'ailleurs, elle compte un grand nombre de vieillards et d'enfants (1). A cinq sous par tête, une famille composée de cinq membres réunirait 25 sous en argent ou en nature. On ne peut pas supputer que la moyenne excède ce taux. Il ne faut pas oublier que cette classe est tellement souffrante, que la mortalité y est deux fois aussi considérable que chez les riches, et que c'est elle qui alimente continuellement les hôpitaux et les prisons. Nous admettrons donc pour elle l'évaluation des statisticiens, le taux moyen de 25 centimes par jour, ou de 91 fr. 25 c. par année pour chaque individu; ce qui fait pour les quatre millions d'indigents un total annuel de 365 millions.

Comment cette classe se procure-t-elle cette somme? En partie par le travail, sans doute. Cette classe est, comme nous l'avons déjà dit, une sorte de *caput mortuum* que l'industrie, et surtout l'industrie manufacturière, prend à son service quand elle a besoin de bras, et abandonne sans pitié quand elle n'en a plus besoin. Pour le surplus, les fonds des hospices et des prisons, et les secours des bureaux de charité, viennent s'ajouter à ce que rapporte une multitude de petits métiers dans les villes, et aux produits impurs du vol et de la prostitution.

---

(1) Voyez, dans la Première Partie de cet écrit, chap. XVII, l'extrait des circulaires des bureaux de bienfaisance, où cette circonstance est soigneusement mentionnée.

CHAPITRE VIII.

Suite. — Classe des salariés.

La *troisième classe*, composée des *salariés sans aucun titre de propriété foncière*, compte, comme les deux précédentes, quatre millions d'âmes. Mais nous avons fait, relativement à cette classe, une distinction à laquelle il nous faut avoir égard ici.

De ces quatre millions de salariés, deux millions sont des ouvriers, savoir un million et demi donnés par la population industrielle, et un demi-million par la population agricole. Ces deux millions d'ouvriers vivent régulièrement de salaires, sans tomber dans l'indigence ni dans la mendicité. Or quel est le prix moyen de la journée de travail en France? Avant 1789, les statisticiens l'estimaient à 1 fr. par jour, ou à 300 fr. par an, pour trois cents jours de travail. Nous lisons, dans le Rapport sur la loi des céréales présenté en 1832 à la Chambre des Députés par M. Charles Dupin, que la journée de travail s'élève aujourd'hui à 1 fr. 15 c. L'optimiste M. Saulnier, dans ses *Considérations sur les finances de la France et des Etats-Unis*, insérées en 1832 dans la *Revue Britannique*, élève ce salaire jusqu'à 1 fr. 50 c.; mais ses allégations, sur ce point comme sur beaucoup d'autres, ont été amplement convaincues d'erreur. Tous les faits démontrent que M. Dupin est bien plus véridique. S'agit-il des travaux publics ; même dans le voisinage des grandes villes, le tarif de conversion des journées en argent, pour les travaux de prestation relatifs aux chemins vicinaux, est en général fort au-dessous de 1 franc par journée. Cette année, par exemple, le conseil d'arrondissement de Strasbourg vient de voter le maintien du taux de la journée à 80 centimes. S'agit-il du salaire dans les métiers et manufactures ; si l'on jette les yeux sur les tableaux détaillés que M. Louis Blanc a publiés dans son intéressant ouvrage de l'*Organisation du Travail*, on verra qu'à Paris le salaire du travail des femmes, déduction faite des mauvaises saisons, n'atteint pas 1 fr., et que celui des hommes, la même déduction faite, ne dépasse pas 3 fr. Mais ce salaire est bien moindre dans les provinces qu'à Paris. Paris est le centre d'une grande partie de l'industrie de luxe, et, en outre, le prix élevé des subsistances y élève nécessairement la main-d'œuvre. Le salaire dans les grandes villes manufacturières, telles que Lyon, Saint-Etienne, Rouen, est inférieur ; et il diminue encore dans les places de troisième ordre, Mulhouse, Reims, Amiens, etc. Le docteur Guépin estime que Nantes peut être considéré comme un terme moyen entre les villes d'industrie de luxe ou de grand commerce, telles que Lyon, Paris, Marseille, Bordeaux, et les places de troisième ordre. La dépense, à Nantes, d'une famille d'ouvriers, composée de cinq personnes, lui semble donc avoir, relativement à la condition moyenne de cette classe en France, un caractère de certitude absolue. Or voici comme il l'établit d'après l'expérience :

Loyer pour une famille	25 fr.
Blanchissage	12
Combustible	35
Réparations de meubles.	3
Déménagements (au moins une fois chaque année).	2
Chaussure.	12
Habits. (Ils se vêtent en général de vieux habits qu'on leur donne.) .	0
Médecin (gratuit).	0
Pharmacien (gratuit).	0
Pain.	150
Viande. (Ils n'en font pas pas usage.)	0
Vin ou autres boissons alcooliques. .	15
Sel, beurre, choux, et pommes de terre.	46
Total.	300 fr.

Pour qu'on puisse juger, au surplus, de la vérité de cette assertion du docteur Guépin, citons quelques-uns des résultats consignés dans le dernier ouvrage de M. Blanqui, relativement au salaire des manufactures.

Industrie cotonnière : « Quatre-vingt mille » ouvriers environ sont employés dans cette

» industrie, avec un salaire de 1 fr. 30 c. par » jour en moyenne (1). »

Etoffes de laine : « A Reims, cinquante

(1) *Leçons*, etc., tom. I, pag. 335. — On sait que cette industrie est répandue à Rouen et dans les départements voisins, dans le Haut-Rhin, à Paris, Lille, Saint-Quentin, Roubaix, etc. On peut juger de la condition des ouvriers qui y sont attachés par la triste nomenclature des indigents secourus officiellement dans le seul département du Nord, et que M. de Villeneuve a fait connaître dans son ouvrage d'économie politique :

A Lille, sur. . . .	70,000 habitants	22,281 pauvres.
Dunkerque.	24,517	4,880
Douai.	19,880	4,304
Valenciennes. . .	19,841	5,047
Cambrai.	17,031	4,150
Turcoing.	16,628	1,704
Roubaix.	13,122	2,451
Bailleul.	9,461	2,398
Hazebrouck. . . .	7,644	1,467
etc.		

N'est-ce pas affreux ? Encore faut-il remarquer deux choses : que ces documents remontent à une époque déjà éloignée, et que l'indigence officielle a augmenté depuis ; ensuite que ceci est l'état régulier, normal, lorsque la manufacture est le plus florissante. Mais s'il survient une crise industrielle ! Oh ! alors c'est comme à Reims, où, suivant un Mémoire lu à l'Académie des Sciences, dans une année de crise, en 1830, « 11,500 » indigents, privés de tout, furent l'objet d'une cotisation extraordinaire de 23,000 francs ! » 23,000 francs pour 11,500 individus : c'est juste 2 francs par homme. « On était au mois » de septembre, dit l'auteur de ce Mémoire ; il fallait passer » l'hiver... »

Combien Malthus a raison !

Voici sur Rouen ce que rapporte Eugène Buret :

« A Rouen, un des adjoints municipaux, M. Lelong, nous » a donné, sur la condition des classes ouvrières de cette » grande cité industrielle, des détails presque aussi désolants » que ceux de M. de Villeneuve sur le département du Nord

» mille ouvriers, dont un quart *extra-muros*, » sont employés aux différents travaux de la » fabrique. Leurs salaires sont très modiques, » et suffisent à peine à leurs besoins les plus » urgents. 4,500 seulement gagnent de 2 fr. » 50 c. à 3 fr. par jour. La masse ne reçoit que » 30 à 40 sous pour les hommes, 30 sous pour » les adultes, 15 à 20 sous pour les femmes, et » 10 à 15 sous pour les enfants de dix ans jus- » qu'à quinze. A Amiens, le travail est divisé » et subdivisé plus encore qu'à Reims. Il en » résulte naturellement une augmentation du » prix de revient et une réduction des profits » des habitants, aussi bien que du salaire des » ouvriers. Ceux-ci, pour certains articles, ne » gagnent que 4 francs à 4 francs 50 centimes

---

» (*Considérations sur la condition des ouvriers dans le dépar-* » *tement de la Seine-Inférieure*). Comparant la dépense né- » cessaire des ouvriers rouennais avec leurs salaires, l'hono- » rable magistrat reconnaît que, pour le plus grand nombre » de cette population, les salaires sont de beaucoup au- » dessous des besoins. Il est tellement préoccupé de la mau- » vaise situation économique des travailleurs, qu'il la regarde » comme un immense danger social. Le problème de la mi- » sère, son action incessante, sont pour lui des questions qu'il » faut absolument résoudre, si l'on veut conjurer dans l'ave- » nir d'épouvantables périls. Répondez, s'écrie-t-il, à l'énigme » du Sphinx, ou il vous dévorera! Un rapport des délégués » de l'industrie cotonnière, déposé à la mairie de Rouen en » 1829, contient aussi l'aveu formel que les salaires d'une » grande partie de la population ouvrière de cette ville sont » inférieurs au budget le plus strict des dépenses d'une famille » pauvre. » (*De la Misère des Classes laborieuses*, tom. I, p. 280.)

» par semaine, ou 70 à 72 centimes par » jour (1). »

Quant à l'*industrie des soies*, dans le procès fait aux chefs d'ateliers de la manufacture Lyonnaise en 1833, il fut constaté que le salaire du compagnon sur les étoffes unies, qui font la plus grande partie de la fabrication, était au maximum de 2 francs; et se réduisait souvent à la moitié. Or le salaire du compagnon, est, en moyenne, le salaire d'une famille de quatre ou cinq personnes; car le travail que peuvent faire la femme et les enfants, venant en aide par moments au compagnon, y est en grande partie compris. Mais si le salaire du compagnon peut atteindre ou même excéder 2 francs, il y a d'autres travaux de la

(1) *Leçons*, etc. t. I, pag. 410 et 412. — M. Blanqui ajoute : « Il est urgent, ainsi que l'a dit un des manufacturiers entendus dans l'enquête (M. Henriot), si on veut maintenir la » tranquillité publique, de ne plus diminuer le prix de la » main-d'œuvre, qui jusqu'ici a varié trop souvent, et rarement au profit de l'ouvrier. La conséquence déplorable de » cette réduction excessive et on pourrait dire abusive des salaires, a été, comme dans les autres villes qui ont suivi le » même exemple, à Louviers, Elbeuf, Lyon, etc., de pousser » les ouvriers au vol. Ne pouvant vivre avec ce qu'ils reçoivent » de leurs maîtres, ils augmentent leurs journées en dérobant » des matières qu'ils revendent bien au-dessous de leur valeur. » Le vol connu sous le nom de *piquage d'once* dans la fabrication des soieries, et le *vol de laine*, sont généralement » établis et reconnus dans les villes de fabrique. Les industriels » les font entrer dans l'appréciation de leurs frais généraux. » Ces vols se chiffrent chaque année par plusieurs millions » pour chacune de ces villes, et ne rendent aux ouvriers qui » s'en rendent coupables que quelques centaines de mille » francs. »

fabrique, tels que celui de la tordeuse, qui n'atteignent pas la moitié ni même le quart de ce prix. Puis, il faut compter les chômages et les maladies. On ne peut donc élever le taux moyen du salaire à Lyon, par famille, au-delà de 1 fr. 70 c., en comptant 300 journées de travail pleines (1).

Il n'est pas nécessaire, je crois, d'entrer dans plus de détails, pour conclure que M.

---

(1) Aujourd'hui même le *Censeur* de Lyon nous apporte une remarquable confirmation de l'insuffisance du salaire dans la fabrique Lyonnaise. Voici ce que dit ce journal, à propos de la session du Conseil général :

« ..... Nous ne voulons pas effrayer le pays sur l'avenir de » notre fabrique, mais nous croyons fermement que, si toutes » les bases de la fabrique lyonnaise ne changent pas, les riches » et belles étoffes nous resteront, mais que nous ne pourrons » soutenir la concurrence sur les marchés étrangers pour les » étoffes à bas prix. Dans ce moment, il se fabrique à Lyon » des étoffes qui sont payées 50 centimes le mètre ; un ou- » vrier n'en peut pas faire plus de trois mètres en quatorze ou » quinze heures. Le produit du métier étant de 1 f. 50 c. par » jour, le gain de l'ouvrier est de 75 centimes. Il faut déduire » de ce chiffre 10 centimes d'huile ; il reste à l'ouvrier 65 cen- » times par jour. Comprend-on qu'à Lyon on puisse vivre avec » 65 centimes par jour ? M. le préfet a donc parlé avec beau- » coup de légèreté, en disant dans son rapport que, tout en » déplorant le préjudice passager qu'éprouve une classe nom- » breuse et si digne d'intérêt, on ne serait pas fondé pourtant » à s'en inquiéter pour l'avenir. Le présent se traîne avec ses » alternatives de prospérité et de malheur. Mais ce qu'on ou- » blie, c'est que, dans les temps les plus prospères, il y a une » grande quantité d'individus qui ont peine à vivre du fruit » de leur travail : ce sont les ouvriers qui fabriquent les unis » et les étoffes légères. Cette fabrication deviendra peu à peu » impossible à Lyon. Les étoffes s'y font admirablement, c'est » vrai, mais l'ouvrier ne peut pas gagner de quoi se nourrir. » A quoi bon dissimuler le mal aux Conseils généraux ? »

Ch. Dupin a amplement raison de ne pas élever en moyenne la journée de travail à plus de 1 fr. 15 c.

On le voit donc, monétairement la moyenne du salaire, si elle a augmenté depuis 1789, a fort peu augmenté. Mais en valeur réelle elle a diminué. On aurait tort de s'en étonner. C'est un effet inévitable de la concurrence et des machines. D'un côté, l'abolition des jurandes, des corporations, et de toutes les entraves qui existaient avant la Révolution a amené la multiplication indéfinie des ouvriers dans toutes les professions. Puis les machines, en permettant d'employer hommes, femmes, enfants, sans aucune préparation, sans habileté, sans apprentissage, ont encore augmenté cette multiplication. Les ouvriers se sont donc fait entre eux une effroyable concurrence. A leur tour, les machines ont fait une effroyable guerre aux travailleurs humains. Comment le salaire se serait-il accru? Il n'a pu que décroître. Monétairement, je le répète, il est resté à peu près stationnaire; mais l'augmentation des impôts ayant élevé le prix des objets de première nécessité, et les progrès de l'agriculture n'ayant pas été en proportion des tentatives de l'industrie, il en est résulté une diminution réelle du salaire. Voici donc un fait qui devrait empêcher nos gouvernants de dormir, s'ils avaient du cœur. Herbin et tous les écrivains de Statistiques portent la journée du travail avant la Révolution à 1 franc. Aujourd'hui, suivant M. Dupin, cette journée de travail dépasse, il est vrai, ce taux de 15 centimes; mais tous les objets de première nécessité ont augmenté dans cet intervalle *du quart au tiers*. Que l'on se donne la peine de calculer la différence qui en résulte, et l'on verra qu'elle est sensiblement d'une journée de travail pour sept jours. C'est-à-dire que l'ouvrier, avant la Révolution, gagnait en six jours autant que l'ouvrier d'aujourd'hui gagne en sept jours. Tel est exactement le fruit que les classes ouvrières ont retiré, sous le rapport matériel, de cette Révolution, j'entends la portion infiniment petite de ces classes qui parvient à vivre régulièrement de salaires. Il est vrai que l'on ne tient plus à la célébration du dimanche et des fêtes! Il se trouvera donc des économistes pour calculer que l'ouvrier, ayant permission de travailler toute l'année, regagne ainsi sur ses dimanches ce que la diminution réelle du salaire lui fait perdre! Quant à moi, je propose d'écrire sur le Panthéon, au-dessous de cette inscription: *Aux grands hommes la patrie reconnaissante*, cette autre inscription: *Les ouvriers travaillaient six jours et vivaient le septième sans travailler; la Révolution est venue, et l'ouvrier a été obligé de travailler les sept jours de la semaine pour vivre.*

Pour revenir à notre dénombrement, certes le docteur Guépin a raison lorsqu'il suppute que Nantes, où les familles de tisserands ne recueillent d'un travail de quatorze heures par jour que 300 fr. de salaire annuel, peut être pris comme donnant la moyenne de la condition générale des ouvriers dans toute la France. Mais, pour ce qui nous occupe ici, nous admettrons que cette base est beaucoup trop faible, parceque les ouvriers dont il s'agit ici sont les meilleurs ouvriers, ou les plus heureux, ceux qui ne tombent jamais dans l'indigence ou la mendicité, et à qui le salaire suffit. Nous prendrons donc l'estimation de M. Dupin. Nous compterons par famille de cinq personnes un travailleur et demi, et nous supposerons trois cents jours pleins de travail dans l'année, sans mortes saisons et sans maladies. A ce compte, le salaire serait de 1 fr. 70 c. par journée de travail pour chaque famille, ou de 510 fr. par année; et les 400,000 familles composant les deux millions de salariés dont il s'agit recevraient 204 millions, à raison de 102 fr. par an pour chaque individu.

Il nous reste à calculer, pour cette classe, la subsistance des divers groupes dont nous avons montré que se composent les deux autres millions qui la constituent (1).

Le premier groupe, montant à 436,000, est formé des soldats, des matelots de la marine militaire, des douaniers et autres agents de la perception des impôts, et des fonctionnaires du

(1) Voyez le chap. XIX et le chap. XX de la Première Partie de cet écrit.

clergé. Le second groupe comprend les domestiques au nombre de 600,000. Le troisième renferme les familles de salariés appartenant à la marine, à la grande et petite pêches, et les familles de voituriers, de caboteurs, de forts des ports, etc., au nombre de 500,000 individus. Ensemble environ 1,500,000 hommes, femmes, enfants, suivant le calcul de M. Dutens. Si l'on veut examiner ces différentes professions, on verra qu'il est difficile de supposer que leur salaire s'élève, en moyenne, plus haut que celui de l'ouvrier. Il n'y a guère d'exception que pour les fonctionnaires du clergé, qui, étant célibataires, et n'ayant en général qu'un domestique à leur charge, reçoivent en moyenne 1,000 francs par an. Tous les autres membres de cette catégorie sont ou réunis en corps, comme les soldats et les marins, ou mariés; et, dans ces deux cas, leur subsistance n'est pas plus coûteuse que celle de l'ouvrier vivant régulièrement de salaire. Nous suivrons donc, pour cette catégorie, la même estimation, et nous porterons en conséquence à 150 millions la dépense de ces trois groupes.

Quant aux 500,000 individus, vivant de salaires et non inscrits sur les registres de l'impôt foncier, que donnent le commerce, les professions dites libérales, et les fonctions publiques, nous adopterons à peu de choses près la supposition de M. Dutens, et nous porterons à 2,000 francs la rétribution de chaque famille de cinq personnes dans ces professions. Cette dernière catégorie des salariés sans propriété foncière, composée de 100,000 familles, emploiera donc 200 millions.

En somme, la subsistance de cette troisième classe s'élève à 554 millions, répartis comme nous venons de dire.

CHAPITRE IX.

Suite. — Classe des prolétaires ayant leur logement assuré.

La *quatrième classe*, celle des *prolétaires payant un impôt foncier*, c'est-à-dire, comme nous l'avons expliqué, *ayant leur logement assuré*, se compose de dix-huit millions. Il est évident que cette classe si nombreuse doit se subdiviser en groupes de conditions assez diverses. D'après les recherches de M. de Chateauvieux citées précédemment (1), elle se subdiviserait surtout en deux grands groupes : l'un de quatorze millions, auxquels ce statisti-

---

(1) Voy. le chap. x de la Première Partie. — M. Lullin de Chateauvieux s'étant amusé à traduire en ares et en hectares les déclarations du fisc relativement à la propriété foncière, ses calculs ont donné lieu aux plus étranges illusions, parce-qu'en répétant les nombres qu'il donne, on ne fait pas attention à la valeur réelle de l'hectare dans ses supputations. Son hectare est, au fond, une sorte de mesure *nominale* qui varie suivant les localités, mais dont la valeur ne dépasse jamais 17 francs de revenu net suivant l'estimation du fisc.

cien, malgré son bon désir, ne peut accorder dans ses calculs que quatre-vingt-dix ares de propriété par personne (et l'on sait ce que valent ces quatre-vingt-dix ares) ; l'autre, de quatre millions, possédant par personne deux hectares, c'est-à-dire plus exactement possédant une quantité de terre indéterminée et variable suivant les localités, mais rapportant, suivant la déclaration du fisc, ce que rapportent en moyenne deux hectares de terre dans toute la France, à savoir trente-quatre francs de revenu net. A combien faut-il supputer la subsistance des uns et des autres ?

Quant aux quatorze millions représentés sur les registres de l'impôt foncier par des cotes moindres en réalité que 2 fr. 60 c. (1), ces prolétaires des campagnes ne diffèrent pas beaucoup, sous le rapport qui nous occupe, de ceux des villes. Leur prétendue propriété, comme nous l'avons vu, est une plaisanterie, si on ne la réduit pas, comme nous l'avons fait, au lo-

(1) A 2 cotes 1/5 par propriétaire, chaque propriétaire qui paie moins de la moyenne 5 fr. 95 c. paie moins de 13 fr., ce qui, divisé entre cinq, donne moins de 2 fr. 60 c. Or voulez-vous savoir combien est grand le nombre des petites cotes au-dessous de cette moyenne de 5 fr. 95 c.? Nous l'avions supputé d'après les calculs de M. de Chateauvieux; mais un ouvrage de statistique qui donne les cotes de l'impôt foncier avec un détail que nous n'avions pu jusque-là nous procurer, nous met à même de connaître directement ce nombre. Les cotes *au-dessous de 5 francs* s'élevaient en 1835 à *cinq millions deux cent mille quatre cent onze!* Qu'on nous parle encore de la petite *propriété* agricole!

gement assuré. Qu'ils travaillent donc soit sur la portion insuffisante de terre qu'ils possèdent, soit sur les terres des autres en qualité de manœuvres, ou qu'ils aient des occupations industrielles, le fruit de leur travail doit, par une loi nécessaire d'équilibre entre le salaire de l'agriculture et celui de l'industrie, équivaloir au produit que ce même travail leur rapporterait dans les villes. Leur condition peut être meilleure, moins précaire que celle des ouvriers des villes ; ils peuvent ne pas connaître les extrémités affreuses qui atteignent si souvent ceux-ci : mais leur salaire n'est pas plus élevé. Or il ne s'agit pas ici de leur condition, mais de leur salaire. Nous estimerons donc ce salaire comme celui de la classe ouvrière, à 510 fr. par famille, ou 102 fr. par individu. Quiconque connaît la situation générale des habitants de nos villages trouvera certainement cette estimation trop forte pour des familles qui ne possèdent pas 1,000 fr. en principal, représentés par une cabane ou un petit coin de terre. La subsistance de ces quatorze millions sera, à ce taux, de 1 milliard 428 millions.

Quant aux quatre millions à qui M. de Chateauvieux donne deux hectares de terre en moyenne, nous les supposerons, non pas deux fois, mais trois fois plus rétribués que les premiers, par la raison toute simple que l'instrument de travail qu'ils ont en main est déjà plus du double de celui qu'ont les autres. Ces quatre millions sont aux premiers ce que les tâcherons sont aux simples manœuvres dans l'industrie. Il ne possédent, il est vrai, l'instrument de travail, qu'à la condition de leur travail personnel; mais ils peuvent déjà bénéficier sur le salaire de ceux qu'ils employent pour leur venir en aide. Nous leur supposerons donc 306 francs de salaire par tête, ou 1,530 francs par famille; ce qui, pour les quatre millions, donne 1 milliard 224 millions. Il est bien évident, du reste, que ces deux grandes subdivisions ne sont pas aussi complètement tranchées que nous le supposons. Mais elles donnent, en moyenne, le maximum et le minimum du salaire dans cette classe.

CHAPITRE X.

Suite. — Classe des petits propriétaires fonciers.

Nous voici arrivés aux *Propriétaires*. Notre cinquième classe, la première qui mérite ce nom de Propriétaires, se compose de quatre millions cent cinquante mille individus jouissant officiellement d'un revenu foncier de 128 francs. Mais, comme nous l'avons déjà dit, cette classe, très active, joint un salaire à ce que lui rapporte sa modique part de propriété.

Nous ferons monter à 1,000 francs, par famille de cinq membres, le taux moyen de ce salaire. Il nous semble qu'on ne peut l'évaluer ni plus haut ni plus bas. Un chef de famille de cette classe, qui fait valoir lui-même sa propriété foncière, peut par ce travail se procurer cette somme en sus de son revenu fixe. En effet, ayant pour lui et sa famille 640 livres de rente, ou en principal 12,000 francs environ, il peut gérer une propriété de quelques hectares, et en augmenter même le produit en prenant d'autres terres à fermage. Mais, d'après la limite de son fonds, il ne saurait en général excéder cette plus-value de 1,000 francs. Le nombre des membres de cette classe qui vivraient ainsi serait, d'après les calculs de M. de Chateauvieux, de deux cent cinquante mille. Le surplus des huit cent trente mille familles composant cette classe vivraient avec l'aide du commerce ou des emplois. Or 1,000 francs est encore la moyenne des emplois dans l'Etat, dans les administrations particulières d'industrie, et dans le commerce. A 1,640 francs par famille, ou 328 francs par individu, la classe entière recevrait, tant par le revenu de son capital acquis que par son salaire, 1 milliard 361 millions 200 mille francs par année.

CHAPITRE XI.

Suite et résumé sur ce point.

Voilà notre revue terminée ; car quant aux deux classes qui restent, celles des moyens et grands propriétaires, s'élevant ensemble à environ un million d'individus représentés par cent quatre-vingt-seize mille chefs de famille, leur revenu est tout ce qui reste du revenu brut de la France, après que les différents salaires que nous venons d'énumérer sont soldés. Le meilleur moyen d'estimer leur revenu et, par leur revenu, leur puissance dans la production, est donc d'estimer le revenu brut général de la France et d'en déduire le montant des salaires. C'est ce que nous allons faire ; mais résumons d'abord tout ce qui concerne les cinq premières classes.

Ce résumé est facile à faire. Nous venons de voir que ces cinq classes, montant ensemble (dans l'hypothèse exagérée d'une population totale de trente-cinq millions) à 34,150,000 individus, emploient pour leur subsistance cinq milliards deux cent vingt-quatre millions deux cent mille francs. En voici le tableau :

CLASSES.	NOMBRE d'individus.	SUB-DIVISIONS.	SALAIRE moyen par famille, par année.	SALAIRE PAR INDIVIDU PAR JOUR	SALAIRE total par classe par année.
				f. c.	
1re CLASSE, ou Mendiants.	4,000,000	. . . . . .	365 francs. (20 sous par jour).	20	292,000,000
2e CLASSE, ou Indigents.	4,000,000	. . . . . .	456 fr. 25 c. (25 sous par jour).	25	365,000,000
3e CLASSE, ou Salariés sans aucun titre de propriété foncière.	4,000,000	2,000,000	510 francs. (28 sous par jour).	28	204,000,000
		1,500,000	. . . . . .	28	150,000,000
		500,000	2,000 francs. (5 f. 50 c. par jour).	1 10	200,000,000
4e CLASSE, ou Prolétaires ayant leur logement assuré.	18,000,000	14,000,000	510 francs (28 sous par jour).	28	1,428,000,000
		4,000,000	1,530 francs (4 f. 20 c. par jour).	84	1,224,000,000
5e CLASSE, ou Propriétaires jouissant d'un revenu foncier de 128 fr.	4,150,000	. . . . .	1,640 francs (4 f. 50 c. par jour).	90	1,361,200,000
TOTAUX.	34,150,000				5,224,200,000

CHAPITRE XII.

Calcul des salaires par M. de Morogues et M. Ch. Dupin.

Il y a dix ans, un des statisticiens les plus scrupuleux qui se soient occupés de ces questions, le baron de Morogues, estimait la totalité des salaires à peu près comme nous venons de le faire. Seulement M. de Morogues se trompait prodigieusement sur le revenu net. Voici la cause de son erreur.

Il supposait que ce que l'on appelle le revenu brut annuel des citoyens n'était en totalité que de sept milliards et demi au maximum, tandis que, suivant l'estimation de M. Charles Dupin, ce revenu brut était déjà à cette époque de huit milliards huit cents millions. M. de Morogues n'avait pas fait attention à l'augmentation immense survenue dans ce revenu brut pendant la période de 1815 à 1830. Il avait pris le chiffre de ce revenu comme on aurait pu le calculer dans les premières années de la Restauration ; et peut-être avait-il emprunté la base de ses raisonnements sur ce point à Chaptal, se contentant d'une augmentation infiniment trop faible. En partant d'une si fausse estimation, M. de Morogues devait nécessairement se tromper dans l'évaluation qu'il donnait du revenu des différentes classes ; mais son erreur ne portait pas sur les salaires, dont il fixait le taux à l'aide de recherches et d'investigations directes. Son erreur portait uniquement sur le revenu net.

Voici le tableau que ce statisticien présentait des diverses classes de la population sous le rapport de leur revenu. Estimant, comme je viens de le dire, à sept milliards et demi seulement le revenu total des citoyens, il en déduisait les dépenses du budget employées à l'entretien de l'armée et à tous les services publics. Il défalquait en même temps du chiffre de la population, qui était alors de 32 millions et demi, cette armée, la marine, et les divers fonctionnaires de l'Etat. Il lui restait ainsi une somme de six milliards 375 millions pour une population de 31,750,000 individus. Il rangeait cette population en douze classes, et, en attribuant à chaque citoyen pour revenu la moyenne de la classe dont ce citoyen faisait partie, il arrivait aux résultats suivants :

Classes non salariées.

Clas.	Nombre d'individus.	Revenu par tête.	Par jour et par tête.	Total par classe.
1. .	150,000	4,000f	10f 96c. . .	600,000,000
2. .	150,000	2,500	6 85 . . .	375,000,000
3. .	150,000	1,600	2 74 . . .	240,000,000
4. .	400,000	600	1 64 . . .	240,000,000
	850,000			1,455,000,000

Classes salariées.

Clas.	Nombre d'individus.	Revenu par tête.	Par jour et par tête.	Total par classe.
—	—	—	—	—
5. .	400,000	400f 0c	1f 10c. . .	160,000,000
6. . .	1,000,000	350	0 96. . .	350,000,000
7. .	2,000,000	300	0 82. . .	600,000,000
8. .	2,000,000	250	0 69. . .	500,000,000
9. .	3,000,000	200	0 50. . .	600,000,000
10. .	7,500,000	150	0 41. . .	1,125,000,000
11. .	7,500,000	120	0 33. . .	900,000,000
12. .	7,500,000	91 25	0 25. . .	685,000,000
	30,900,000			4,920,000,000

M. de Morogues estimait donc la totalité des salaires à 4 milliards 920 millions ; et je répète que ses évaluations sur ce point conservent leur valeur, malgré son erreur sur la totalité du revenu brut annuel des citoyens, et, par suite, sur le revenu net.

Il est vrai que, pour suivre la méthode d'évaluation employée par ce statisticien et la compléter, il faut ajouter à cette somme de quatre milliards 920 millions la portion du budget répartie en subsistance à l'armée, à la marine, et aux petits fonctionnaires publics. En supposant que le budget donne 305 millions de salaires, c'est-à-dire 305 millions passant en subsistance et entretien des classes qui fournissent, non pas des chefs, mais des serviteurs à l'Etat (1), l'estimation de M. de Mo-

(1) Le budget ne donne réellement que trois à quatre cents millions de salaires véritables aux classes non privilégiées;

rogues s'élèverait précisément au même chiffre de 5 milliards 225 millions que nous venons de donner.

Mais la différence de population, dira-t-on. Depuis 1832, la population a augmenté de deux millions : la masse des salaires n'a-t-elle pas dû augmenter?

Nous répondrons hardiment que ce qui a augmenté, c'est le revenu net, et non le salaire. La population s'est accrue de deux millions, il est vrai; mais rien ne prouve que la masse des salaires ait augmenté pour cela.

Comme nous sommes profondément convaincus que la misère publique a augmenté en même temps que la population, et non pas seulement dans la proportion de l'augmentation de cette population, nous regardons les calculs de M. de Morogues, en ce qui touche le salaire, comme une confirmation parfaite des nôtres.

Nous verrons plus loin que M. Charles Dupin n'estime qu'à cinq milliards ces mêmes salaires que nous portons à cinq milliards 225 millions.

---

mais il donne également trois à quatre cents millions de traitements ou bénéfices aux fonctionnaires appartenant à ces classes privilégiées. Nous aurons occasion plus loin de le montrer. En outre, une portion considérable de la somme employée aux divers services publics est consommée, non pas improductivement si l'on veut, mais en objets matériels, pour les travaux publics, la guerre, la marine.

CHAPITRE XIII.

La totalité des salaires ne s'élève qu'à cinq milliards deux cent vingt-cinq millions.

Tel est donc le résultat des supputations les plus larges, selon nous, que l'on puisse faire sur la condition des cinq premières classes que nous avons distinguées dans la nation. La population étant supposée de trente-cinq millions, plus de trente-quatre millions vivent uniquement ou principalement de salaires, et ces salaires (y compris la part de propriété afférente aux salariés) ne s'élèvent en totalité qu'à 5 milliards 225 millions. Le surplus de la population de la France, c'est-à-dire moins d'un million d'hommes, disposent à eux seuls du résultat de la production, ou du revenu net. Or nous avons déjà dit que ce revenu net de la France est calculé par les meilleurs statisticiens à 3 milliards 800 millions.

Le compte en est assez facile à faire. Il est aisé d'abord d'apprécier le revenu net de la propriété territoriale, d'après le montant de la contribution foncière. Le montant de cette contribution est, cette année, de 271,036,940 francs. Or, suivant M. Humann, le revenu est à l'impôt foncier comme 6,94 est à 1. Multipliez par ce rapport 6,94 les 271 millions de contribution foncière, et vous aurez, à peu de chose près, pour revenu du sol et des maisons, 1 milliard 900 millions (1). C'est la moitié du revenu net total ; car on suppose pareil revenu net pour la propriété des capitaux, la propriété des machines, l'industrie et le commerce.

Mais peut-être trouvera-t-on que cette dernière estimation n'est basée que sur des conjectures. Montrons ce que ces conjectures ont de fondé.

CHAPITRE XIV.

A combien monte le revenu brut annuel de tous les citoyens.

Essayons de calculer directement le revenu brut de la France, ou plutôt le revenu brut annuel de tous les citoyens, que nous obtien-

(1) Des commissaires nommés en 1815 par le ministre des finances, en partant des opérations cadastrales terminées pour 10,000 communes, évaluèrent le revenu foncier net à 1,626,000,000 fr. Une note insérée dans les journaux le réduisait néanmoins, en 1825, à 1,582,351,355 fr., mais nous ne savons sur quelle autorité. En 1831, dans un discours prononcé à la Chambre des Députés, M. Thiers, qui a été quelque temps sous-secrétaire d'Etat au département des finances, l'a estimé à deux milliards. Nous avons déjà dit que M. Ch. Dupin le porte dans ses écrits à 1 milliard 900 millions à partir de 1830. On sait d'après quelles règles le revenu net imposable est calculé par le fisc. Ce revenu net, c'est, pour les terres, ce qui reste au propriétaire, déduction faite, sur le produit brut, des frais de culture, semence, récolte, et entretien.

drons en retranchant du revenu brut proprement dit les frais matériels de production. De ce revenu annuel de tous les citoyens, nous défalquerons ensuite les salaires, que nous venons d'estimer, et nous aurons le revenu net.

Or n'est-il pas vrai que la France, à un moment quelconque, possède, outre son sol et ses maisons, 1° des exploitations rurales ou produits de l'agriculture; 2° des exploitations industrielles, ou produits manufacturés; 3° des machines employées à cette industrie, et des véhicules de tout genre pour le commerce intérieur et extérieur, tels, par exemple, que les canaux, les navires de la marine marchande, etc.; 4° enfin une grande quantité de numéraire, sans compter les objets mobiliers proprement dits? N'est-il pas vrai que, chaque année, les produits ruraux sont vendus et reproduits, et qu'il en est de même des produits manufacturés? N'est-il pas vrai aussi qu'à la fin de chaque année les propriétaires des machines industrielles ou des véhicules du commerce ont retiré un certain revenu du capital déposé dans ces machines, sans que ces machines soient anéanties? Enfin n'est-il pas vrai qu'il en est de même des propriétaires de capitaux, et que leurs capitaux subsistent, accrus d'un revenu qu'on appelle l'intérêt de l'argent. Voyons donc ce que rapportent de revenu brut ces différentes branches de la richesse industrielle et commerciale.

1° A combien faut-il estimer les produits de l'agriculture?

Chaptal évaluait, il y a vingt-huit ans, le revenu brut de l'agriculture à 4,678,708,885 fr. (1). En 1825, M. Dupin évaluait ce même revenu brut à 5,313,163,735 fr. (2). Mais, comme il ne portait alors le revenu net qu'à 1,626,000,000 (3), et que, dans ses écrits postérieurs, il l'a porté avec raison à 1,900,000,000 (4), il faut augmenter en proportion son estimation du produit brut, ce qui l'élèverait à près de 6 milliards. Un ouvrage anglais, l'*Encyclopédie Britannique*, surpasse encore, et de beaucoup, cette estimation; mais nous ne nous arrêtons pas à des calculs peu assurés. En 1832, M. Raspail, se basant sur les travaux de Chaptal, estimait le produit des principales exploitations rurales, en moyenne, à 5,186,590,523 fr. (5). M. Balbi

(1) *De l'Industrie Française*, tom. I, pag. 238.—Chaptal estimait les frais de production, c'est-à-dire les semences, le salaire des ouvriers agriculteurs et des journaliers, la nourriture des familles de fermiers, la réparation des bâtiments, et les pertes par la mortalité des bestiaux, à 3,334,005,515. Le produit net imposable était, suivant lui, de 1,344,703,370 fr.

(2) *Forces productives et commerciales de la France*, tom. II, pag. 263.

(3) Il adoptait pour ce chiffre l'estimation des commissaires nommés en 1815 par le ministre des finances. (Voy. la note de la page 196.)

(4) Dans un Rapport à la Chambre des députés, le 14 avril 1831, M. Dupin a évalué ce revenu net territorial imposable à 1,902,000,000.

(5) *Cours d'Agriculture*, pag. 200.

fixe ce produit à 5,250,000,000 (1). M. Dutens a obtenu pour résultat de ses laborieuses recherches le chiffre de 5,553,010,911 pour le revenu territorial de l'année 1815, et celui de 6,728,760,822 pour le même revenu en 1835 (2). Suivant lui, l'augmentation de l'une de ces années à l'autre aurait été de 21 pour cent.

En prenant les plus certaines de ces différentes évaluations, il faudrait estimer le revenu brut de l'agriculture à 6 milliards. Mais il faut défalquer un milliard pour les semences, la dépense des animaux travailleurs, les pertes causées par la mortalité sur ces animaux, et les frais du matériel agricole (3). Le revenu brut pour les hommes serait donc de 5 milliards.

La *Statistique de la France*, cette œuvre oficielle que publient depuis plusieurs années les divers ministères, et qu'on distribue aux Chambres, confirme, si nous la comprenons bien (4), cette évaluation.

---

(1) *Abrégé de Géographie*, pag. 123.

(2) *Essai comparatif sur la formation du revenu de la France en 1815 et 1835.*

(3) M. Ch. Dupin estime, d'après les bases données par Chaptal, la totalité de ces frais à 922 millions seulement.

(4) Cette *Statistique* aurait besoin d'un texte explicatif des tableaux publiés; plusieurs statisticiens en ont déjà fait la remarque. Ce gigantesque travail, exécuté sur des masses de documents administratifs, laisse dans beaucoup d'incertitudes. Les résultats présentés se rapportent-ils à des années certaines, et d'un tableau à l'autre ces années ne diffèrent-elles pas? ou bien, ce qui est plus probable, sont-ce des moyennes que

Suivant cette *Statistique*, la valeur totale de la production annuelle de tout le domaine agricole, cultures diverses, pâturages, bois, jardins, etc., est de 4,527,097,090 fr. (1); et la valeur totale de chaque sorte d'animaux domestiques est 1,870,572,369 fr. (2). Ensemble 6,397,669,459.

Suivant le même ouvrage (3), la valeur totale de la production annuelle des cultures excède la valeur totale de la consommation des produits agricoles de 561,151,112. Prenons cette différence pour la valeur des semences, plus une réserve ou excédant disponible.

Enfin, suivant ce même ouvrage (4), la valeur totale de chaque sorte d'animaux domestiques excède le revenu total donné par ces animaux de 1,103,320,518. Prenons cette différence pour la valeur de la réserve nécessaire des animaux domestiques d'une année à l'autre, plus un excédant disponible.

En ajoutant ces deux différences, on obtient 1,664,471,630.

---

l'on a calculées? Mais, dans ce cas, sur combien d'années, et sur quelles années, a-t-on fait ce calcul? Espérons que M. Moreau de Jonnès, l'infatigable statisticien qui a présidé à cette œuvre remarquable, la complétera par un volume propre à en donner définitivement la clef, à en éclairer l'emploi, et à préserver par conséquent des erreurs auxquelles ces chiffres officiels donneraient lieu par leur autorité même.

(1) *Agriculture*, tom. IV, Tableau XVI.

(2) *Ibid.*, Tableau XX.

(3) *Ibid.*, Tableaux VIII et XII comparés.

(4) *Ibid.*, Tableaux XX et XXII comparés.

Et en défalquant ce nombre de la valeur totale des cultures et animaux domestiques, on a pour résultat 4,733,197,829 fr.

Mais évidemment il reste dans ce résultat un excédant de richesse disponible, qui n'est pas séparé des frais de semences ni des autres frais nécessaires. La *Statistique officielle* confirme donc pleinement l'évaluation que le revenu brut de l'agriculture, défalcation faite des frais de semences, des réserves nécessaires, et des frais divers du matériel agricole, ne s'élève pas à moins de cinq milliards.

Il serait même plus vrai de dire que cette *Statistique officielle* élève ce revenu de l'agriculture à 5 milliards et demi. En effet les valeurs qu'elle indique sont les prix de *première main*, et non les prix de marché et de commerce ; ce qui fait évidemment une grande différence. On peut en juger par cette Note ou Avertissement placé dans la Table des matières du troisième volume de l'*Agriculture* : « Il » n'est pas inutile de rappeler que, parmi les » données statistiques, celles qui expriment les » quantités méritent la prééminence sur celles » qui indiquent des valeurs. Les premières sont » des énumérations de faits matériels, des chif» fres de compte, dans lesquels l'erreur est » palpable. Les autres sont des appréciations, » des applications d'un prix dont la détermina» tion est souvent difficile et hasardée, surtout » s'il représente une moyenne. Voici comment » on a procédé ici, pour éviter autant que pos-

» sible ces inconvénients. Une investigation a » constaté quels sont, dans les 37,000 communes du royaume, les quantités et les prix » moyens de toute la production rurale. *La » valeur de chaque production a été fixée par » le prix qu'on y met dans la localité. Ce prix » est donc celui de première main, et non un » prix de marché ou de commerce*, qui s'augmente par les transports, les frais de vente, les » gains mercantiles, et la concurrence. *Une » autre circonstance, qui rend moindre encore » les prix adoptés, c'est qu'ils appartiennent à » l'année* 1839, *qui est une époque d'abon- » dance beaucoup plus favorable que les an- » nées suivantes*. Pour rapprocher, si l'on veut, » les termes acquis par les prix de production » de ceux soumis à l'influence des éventualités » ou à la plus-value des grands centres de con- » sommation, on peut ajouter, selon les occur- » rences, *un ou deux dixièmes aux valeurs » primitives*, et les modifier ainsi très facile- » ment, pour les ramener à des termes d'ac- » tualité (1). » En modifiant ainsi le terme de 4,733,197,829, qui nous paraît être le terme *minimum* du revenu territorial à conclure des tableaux de la *Statistique officielle*, défalcation faite des semences, des réserves nécessaires, des frais divers du matériel agricole, et même d'un excédant de richesse disponible, on ob-

(1) *Agriculture*, tom. III, table des matières, pag. IX.

tiendrait un revenu bien supérieur à cinq milliards, puisqu'il serait de 5 milliards 680 millions si on l'augmentait de deux dixièmes, et de cinq milliards 206 millions et demi si on se bornait à l'augmenter d'un dixième.

Mais il ne s'agit là que des produits ruraux; et encore manque-t-il plusieurs branches importantes, telles que le produit des abeilles, cire et miel, estimé à 6 millions; la soie, dont le revenu est estimé 20 à 25 millions, et bien d'autres productions. Quant au revenu du sol, par l'exploitation de la houille, du minerai de fer, du sel, de la pierre à chaux et à plâtre, de la pierre de taille, de l'argile, et en général de toutes les matières minérales, il n'est pas compris dans ces cinq ou six milliards; or, c'est une valeur de plus de 120 millions. Il en est de même de la pêche fluviale et maritime, qu'on estime à 140 millions. Enfin, le revenu des maisons des villes, et en général de toutes les propriétés bâties, forme un autre chapitre d'au moins 220 millions, puisque ce chiffre est le minimum donné par la contribution foncière, d'après l'évaluation toujours restreinte des propriétaires (1).

On ne trouvera donc pas mauvais que, nous

---

(1) D'après la *Statistique officielle*, la partie de la contribution foncière afférente aux propriétés bâties est de 32,194,743 fr.; ce qui, d'après le rapport 6,94, donne environ 220 millions. Mais il est notoire que les déclarations des propriétaires de maisons dans les villes sur la quotité de leur revenu sont toutes frauduleuses.

contentant de modifier d'un dixième le chiffre *minimum* des produits ruraux proprement dits donné par les tableaux de la *Statistique officielle*, et n'élevant qu'à 1 milliard tout le reste de l'exploitation du sol non compris dans ces produits ruraux proprement dits, nous supputions à 6 milliards 206 millions le revenu territorial pris dans son ensemble, déduction faite des semences et des frais d'entretien.

2° A combien faut-il estimer les produits manufacturés?

D'après Chaptal, le revenu industriel de la France, à l'époque où il écrivait, s'élevait à 1,820,102,409 fr. Mais Chaptal, dans ce recensement, a négligé une foule d'industries, et ne s'est vraiment attaché qu'aux manufactures. M. Dutens a dressé, dans son ouvrage déjà mentionné, un état des produits à ajouter au revenu industriel de Chaptal, qui n'est guère moindre que ce revenu même. En somme, cet auteur élève le revenu industriel en 1815 à 2,861,580,738. Il est vrai qu'il faut défalquer de cette somme les matières premières montant à 713,306,214. Le revenu industriel en 1815 aurait donc été, suivant M. Dutens, et d'après les bases mêmes de Chaptal complétées, de 2,148,274,524. Or, depuis cette époque, l'industrie a pris un énorme développement; l'invention ou l'emploi d'une multitude de machines, et en particulier de la machine à vapeur, ont ouvert une ère nouvelle. On ne doit donc pas s'étonner du résultat auquel est arrivé M. Dutens, en comparant l'année 1835 à l'année 1815. Suivant ses calculs, le revenu industriel se serait accru, en vingt ans, de près de 37 pour cent. Il résulte du tableau détaillé qu'il a dressé pour 1835, que la valeur totale du revenu industriel aurait été de 3,938,135,965, ou, en retranchant la valeur des matières premières et des combustibles (montant à 1,405,076,399), de 2,533,059,566 fr. Cette somme représente la valeur totale du revenu net des chefs d'industrie, plus l'intérêt des capitaux, et la main-d'œuvre. En admettant les calculs de M. Dutens, elle serait à porter tout entière au revenu annuel général des citoyens que nous supputons en ce moment. Nous la réduirons à 2,500,000,000, comptant le surplus de 33 millions pour la réparation annuelle de l'outillage industriel.

3° A combien faut-il estimer le produit des capitaux ou du numéraire?

Ce n'est pas, certes, que nous voulions faire entrer le produit de tout le numéraire dans le revenu brut. Ce serait faire un double emploi; car ce numéraire étant en grande partie employé dans la production agricole et industrielle se trouve représenté, quant à son produit, par les produits ruraux et industriels. Mais n'y a-t-il pas une portion de ce numéraire qui n'est pas employée directement dans ce que l'on nomme la circulation, et qui donne lieu à un bénéfice tout-à-fait en dehors des bénéfices de l'agriculture, de l'industrie, et du commerce? C'est de celui-là uniquement que nous voulons supputer le revenu.

Le numéraire de France se compose d'abord du numéraire proprement dit, ou de l'argent monnayé. Tout le monde sait que la France est le pays du monde le plus riche sous ce rapport. L'Angleterre a à peine chez elle, en monnaie d'or et d'argent, 500 millions (1); il est vrai qu'elle supplée à ce moyen d'échange par près de deux milliards de papier de banque. En France, au temps de Law, la circulation de l'argent monnayé était estimée à 1 milliard 200 millions. En 1782, Necker l'élevait à 2 milliards 200 millions. Aujourd'hui, les statisticiens la portent à trois milliards; et c'est uniquement par timidité qu'ils n'osent pas l'élever plus haut. Car il est démontré, par les registres des hôtels de monnaie, que la quantité d'espèces d'or et d'argent fabriquées selon le système décimal depuis le commencement du siècle, jointe à la monnaie de billon

---

(1) Il ne s'agit là que des monnaies d'or et d'argent; la somme totale du numéraire monétaire qui circule en Angleterre est environ du double. Adam Smith l'évaluait de son temps à 30 millions sterling, ou 750 millions de francs. M. Michel Chevalier, dans ses *Lettres sur l'Amérique du Nord* (tom. I), suppose que ce numéraire s'est accru jusqu'à 1 milliard. Ceux qui le portent le plus haut ne l'évaluent pas à plus de 1,200 millions.

et de cuivre, s'élève à 4,761,264,590 (1). Supposons donc avec eux trois milliards seulement. Mais est-ce le seul numéraire que nous ayons en France?

Nous venons de dire que l'Angleterre supplée à l'argent monnayé par du papier de banque. Nous n'avons rien, il est vrai, en France de comparable au papier-monnaie d'Angleterre et d'Amérique (2). Ce n'est donc point de ce genre de numéraire fondé sur le crédit que

(1) On peut en voir le détail dans un ouvrage intéressant qui vient de paraître sous ce titre : *Tableau de la dette publique et des misères du Trésor*. (Chez Paulin, libraire-éditeur, rue de Seine.)

(2) Pour notre part, nous ne croyons pas que ce soit un mal pour la France que de ne pas connaître ce système. Le numéraire est assez abondant en France. Nous savons bien que les économistes à la suite de l'Angleterre ne cessent de pleurer, depuis trente ans, sur l'absence des banques. Mais vraiment le mal est-il là? On produit déjà trop pour le malheur des serfs de l'industrie, parce qu'on produit mal. Le mal est dans le nombre restreint des véritables consommateurs, c'est-à-dire de ceux qui participent au revenu net. Les banques rendraient plus affreuse encore la condition de l'immense majorité de la nation. Il en résulterait des crises commerciales de tout genre. Quoi qu'il en soit, il est bien certain que nous ne connaissons pas en France le papier de crédit ou de banque. La Banque de France, qui serait mieux nommée la Banque de Paris, est liée par des statuts si méticuleux qu'elle n'est réellement pas ce que les Anglais appellent un agent de circulation. Elle prête à ceux qui ont, et joue, comme on l'a dit, le rôle d'une compagnie d'assurance ayant pour objet d'assurer ce qui ne risque rien. Quant aux maisons de banques particulières, elles dépendent plus ou moins de la Banque de France, et gravitent dans son système. La nouvelle maison de banque de M. Laffitte a essayé une innovation, mais qui s'est fort restreinte dans la pratique.

nous voulons parler. Mais notre dette publique ne constitue-t-elle pas une sorte de numéraire? Tous les ans le Trésor paye 215 millions pour l'intérêt de ce qu'on nomme la dette perpétuelle. Ces 215 millions représentent un capital de plus de cinq milliards. Ce capital a ses propriétaires, qui en touchent la rente; ce capital, fondé sur l'idée qu'on se fait de la fortune de la France, est aussi réel que la propriété immobilière elle-même. N'est-il pas vrai, en effet, qu'une inscription de rente sert de garantie comme un immeuble? En ajoutant donc ces cinq milliards aux trois milliards de circulation, il est incontestable qu'il y a en France un capital, en numéraire ou en crédit, montant à huit milliards. Nous supposerons que les trois milliards en circulation, étant représentés par les produits ruraux et industriels, ainsi que par les opérations de commerce qui donnent une valeur à ces produits, ne doivent pas figurer pour leur chef dans le calcul que nous faisons du revenu brut. Mais assurément la rente doit y figurer; car le crédit public équivaut à la création d'un numéraire véritable.

On connaît la querelle des économistes sur le crédit public. Certes, ce n'est pas ici le lieu de l'exposer; mais pourtant il nous est impossible de la passer absolument sous silence: car on nous en ferait peut-être une grave objection. Avons-nous réellement le droit de supputer, comme un revenu véritable, le résultat du crédit public, et ne tombons-nous pas dans une grossière erreur, en calculant comme un actif cette rente, qui est bien un passif chaque année au budget? C'est la production qui paye annuellement cette rente : comment donc pouvons-nous sérieusement l'ajouter à la production, comme si elle était elle-même un produit? Telle est l'objection que ceux qui ont lu les ouvrages de M. de Sismondi et de quelques autres économistes ne manqueraient pas de nous faire, et par laquelle ils prétendraient renverser nos calculs. Il ne faut pas qu'il reste le moindre doute sur la nécessité de supputer comme un revenu véritable, et tout aussi véritable que les produits ruraux et industriels, le résultat du crédit public, c'est-à-dire au *minimum* la rente perpétuelle ou consolidée. Car c'est par grâce, pour ainsi dire, que nous laissons de côté la dette flottante, et d'autres parties encore de la dette publique. En cela, nous négligeons une somme considérable, immense, qu'assurément nous pourrions faire entrer en ligne de compte, parce que cette portion de la dette publique est aujourd'hui, dans l'opinion de tous, assimilée à la dette fondée (1). Montrons donc, mais en quelques mots seulement, et en demandant pardon au lecteur pour cette

---

(1) La dette publique totale est aujourd'hui de 362 millions, tandis que la dette dite perpétuelle n'est que de 215 millions. Différence, 147 millions.

digression nécessaire, l'erreur et le manque de jugement de certains économistes sur cette question, afin de mettre notre calcul hors de controverse.

M. de Sismondi a écrit sérieusement : « Une » nation qui a 20 millions de francs de revenu, » et qui ne doit rien, est plus riche qu'une na- » tion qui, sur trente millions de revenu, doit » dix millions, parceque les frais de gestion » s'augmentent avec le revenu brut, et sont » une perte pour tout le monde. Donc Alexan- » dre Hamilton est tombé dans une erreur » grossière et dans une pure illusion (1). » Or c'est lui, M. de Sismondi, qui tombe dans une erreur, et qui est dupe d'une illusion. Alexandre Hamilton a montré, sur ce point, une intelligence bien plus solide que celle du critique qui le tance si vertement. Cet Alexandre Hamilton était un secrétaire de la trésorerie des Etats-Unis, qui, dans des Rapports adressés à la Chambre des Représentants, avait émis ce principe : « Il y a une espèce de capital, actuel- » lement existant dans notre république, qui » exclut toute inquiétude sur le manque de ca- » pital : c'est la dette fondée. » Aux yeux de M. de Sismondi et des économistes de son opinion, cette dette fondée n'est qu'une *quantité négative*. « Quoi ! s'écrient-ils, peut-on con- » fondre une quantité négative avec une quan- » tité positive, le passif avec l'actif d'une

(1) *Nouveaux principes d'Economie politique*, p. 231-235.

» nation (1) ! » Eh ! sans doute ; lorsque ce prétendu passif est un actif éternellement reproduit. Le Juif errant a toujours cinq sous dans sa poche ; aussitôt qu'il a dépensé ses cinq sous, il les retrouve dans sa bourse par miracle. Peut-on dire au Juif errant que ces cinq sous qui lui sont éternellement prêtés, mais qu'il dépense aussitôt qu'il les a, ne sont qu'une *quantité négative*. Il les dépense, il est vrai, et en ce sens il ne les a, pour ainsi dire, jamais. Mais s'il les dépense, c'est parce qu'il les a, et, en ce sens, ces cinq sous sont une quantité très *positive*. Une nation qui aurait trente millions de revenu, avec une dette de dix millions, serait, quoi qu'en dise M. de Sismondi, plus riche qu'une nation qui aurait vingt millions de revenu sans aucune dette ; car elle aurait, de plus que l'autre, dix millions continuellement à sa disposition, comme le Juif errant a toujours cinq sous. Qu'importent les frais de gestion, qu'oppose M. de Sismondi, si, par un bon emploi de cette avance perpétuelle, cette nation fait un bénéfice bien au-delà de ces frais ? On ne dit pas assurément qu'une nation qui a une dette n'ait pas une dette. Mais on dit que cette dette étant *fondée*, c'est-à-dire assurée aussi bien dans l'opinion que légalement, manifeste une richesse qui autrement resterait latente et sans effet utile dans la production. Il est bien sûr, par exemple, que la

(1) *Nouveaux principes d'Economie politique*, p. 230.

France serait plus riche, si, sans que son revenu annuel diminuât, elle n'avait pas sa rente à payer. Mais la supposition est absurde : car si elle n'avait pas sa rente, elle n'aurait pas l'effet utile du capital que représente cette rente, et par conséquent elle n'aurait pas la quotité actuelle de son revenu. Dire que la France est bien malheureuse d'avoir à payer deux cent quinze millions de dette fondée, c'est dire que la France est bien malheureuse d'avoir, outre son numéraire et ses produits annuels, cinq milliards de capital à sa disposition perpétuelle. Qu'importe que chaque année, ou plutôt à chaque instant, elle soit obligée de payer, sur sa production annuelle, l'intérêt de ce capital, puisqu'à chaque instant aussi elle touche, et toujours en avance, le revenu de ce capital *fondé*, absolument comme un propriétaire touche le revenu de sa propriété ! Toute la question est dans ce mot *fondé*. Si les inscriptions de rente aujourd'hui existantes en France cessaient d'inspirer confiance, il est bien certain que, le capital n'existant plus réellement, ses effets disparaîtraient, et que la France, obligée de payer l'intérêt de sa dette, sans en recueillir le fruit, n'aurait qu'un passif, au lieu d'un actif. Mais tant que le crédit est véritable et *fondé* en fait comme en théorie, le capital de la rente est un vrai capital, ajouté à toutes les richesses manifestées d'une nation. On peut donc faire abus du principe d'Hamilton ; mais ce principe est d'une incontestable solidité, réduit à de justes limites.

Nous n'en dirons pas davantage à ce sujet. Les abus théoriques qu'on a pu tirer du principe, la mauvaise application qu'on en a faite, tous les maux qui sont sortis de là pour la France, comme pour l'Angleterre, et pour toutes les nations dotées aujourd'hui de fonds publics, ne nous occupent pas ici. L'explication du fait économique dans lequel le *crédit fondé* prend sa source ne nous importe pas davantage. Il est bien certain que ce crédit a sa source dans une richesse réelle, qui se manifeste par lui. L'accumulation séculaire d'un excédant de la production sur la consommation, s'étant incarnée dans des richesses mobilières de tous genres, est la base profonde et cachée du crédit des nations. Chacun sent que la France, par exemple, est bien plus riche que ne l'indique sa production annuelle, et que, si elle voulait manifester celles de ses richesses de tout genre qui n'entrent pas habituellement dans la circulation, elle montrerait une valeur de produits accumulés qui excéderait infiniment cette production annuelle. De là son crédit. Ce crédit est fondé en même temps sur sa vitalité comme nation, sur la foi dans son avenir, sur la loi certaine de l'accroissement de la production de siècle en siècle, d'année en année. La France a foi en elle-même, et elle se crédite à chaque instant du montant de sa dette publique. Il en résulte une avance perpétuelle qui est véritablement un revenu d'une richesse réelle bien que cachée, et un revenu aussi véritable que celui de la production agricole ou industrielle. Ce dernier n'est-il pas, lui aussi, consommé aussitôt que produit ? L'objection tirée du payement annuel de la rente contre la valeur positive du crédit public conduirait donc également à conclure que la production rurale, industrielle, commerciale, n'est qu'une chimère et une quantité négative ; car ce qui fait que le crédit public fondé est véritablement producteur et positif est précisément la même chose qui fait que le numéraire proprement dit est producteur, ou que la production agricole et industrielle est positive et non négative. Pourquoi, en effet, le capital est-il producteur? parce qu'il préexiste à son emploi. Pourquoi la production agricole ou industrielle est-elle une production, et non pas une chimère ? parce-qu'elle préexiste à la consommation qui la détruit ou la transforme ? De même, le crédit est le crédit, et n'est pas une chimère, un passif, une quantité négative, parce qu'il préexiste au payement de l'intérêt de la dette, et lui survit, à cause de sa perpétuelle renaissance et de son immortalité. Voilà ce que n'ont pas compris M. de Sismondi et quelques autres économistes, mais ce qui est incontestable.

Nous regarderons donc comme certain que la dette perpétuelle, sinon toute ou presque toute la dette publique, doit figurer au revenu brut annuel des citoyens ; et, négligeant eoncre ici comme dans toutes nos supputations une somme importante (afin qu'on voie bien que c'est un *minimum*, et non un *maximum*, que nous déterminons), nous porterons au montant de cette rente, c'est-à-dire à 215 millions, le produit annuel des capitaux, indépendamment de la part qu'ils ont dans le revenu brut de l'agriculture, de l'industrie, et du commerce.

4° Enfin, à combien faut-il estimer le produit du capital placé dans les machines industrielles ou commerciales de tout genre, dans les canaux, dans les chemins de fer aujourd'hui exécutés, dans les navires de la marine marchande, etc.?

Il faut faire ici la même distinction que pour le numéraire. Il y a une portion de ces machines dont le capital, de même que l'intérêt qu'il rend, figurent à l'état latent dans les produits ruraux et industriels. Ainsi, quand Chaptal dit: Les manufactures de coton rapportent en produit brut 200 millions, il comprend qu'une partie de cette somme est employée à payer l'intérêt du capital des machines; c'est un des articles de ce qu'on appelle frais de fabrication. Mais ces produits ainsi vendus circulent ensuite par tous les véhicules du commerce, et rapportent, en raison de cette circulation, aux propriétaires de ces véhicules. Nous supposerons que, relativement à tout ce qui se vend et se consomme à l'intérieur, le prix du transport est représenté par le prix des marchandises, et se trouve implicitement compris dans le revenu agricole et industriel. Mais il n'en est pas de même pour le commerce extérieur. Les propriétaires des navires marchands (1), et les propriétaires des magasins d'entrepots, de voitures de roulage, etc., perçoivent une somme qui représente l'intérêt du capital de leurs navires et de leurs voitures, accru d'un certain bénéfice pour les soins qu'ils donnent à ce transport. M. Dutens estime ce bénéfice auquel donne lieu le commerce extérieur à 250 millions.

Nous laissons de côté tout le reste de la richesse mobilière. Nous supposerons tout le surplus de cette richesse complètement improductif, quoique cette supposition ne soit pas exacte. Eh bien, cette base admise, la France se trouve posséder un revenu brut de plus de neuf milliards, déduction faite des semences de l'agriculture, de la nourriture des animaux travailleurs, de l'entretien du matériel agricole, de l'entretien du matériel industriel et des véhicules du commerce. En voici le tableau :

Produits territoriaux (sol, exploitation minérale, revenu des maisons, produits ru-

---

(1) L'effectif de la marine commerciale de France est aujourd'hui d'environ 16,000 navires, jaugeant 720,000 tonneaux.

raux)	6,206,000,000
Produits industriels. . . .	2,500,000,000
Rente perpétuelle.	215,000,000
Bénéfices des transports. . .	250,000,000
Total. . .	9,171,000,000

Or, si de ce revenu brut nous retranchons les cinq milliards deux cent vingt-cinq millions employés comme salaire à la subsistance des cinq premières classes de la population, il nous restera trois milliards neuf cent quarante-six millions de revenu net. L'hypothèse que le revenu net est, au minimum, de trois milliards huit cents millions est donc pleinement confirmée par le calcul du revenu brut.

CHAPITRE XV.

M. Ch. Dupin estime le revenu brut annuel de tous les citoyens à neuf milliards au minimum.

Nous tenons à montrer que nous ne nous avançons pas au hasard ; que nos assertions sont non seulement revêtues de preuves directes, mais appuyées d'autorités.

M. Charles Dupin a fait des recherches sur ce même *revenu brut annuel des citoyens*, c'est-à-dire sur le revenu brut proprement dit, déduction faite des frais matériels de la production. Nous ignorons la méthode qu'il a suivie et les bases de ses supputations; mais voici les nombres qu'il donne :

Revenu brut annuel des citoyens.

Sous Louis XVI, en 1780 . .	4,011,000,000	liv.
— — en 1790 . .	4,655,000,000	
Sous le Consulat, en 1800. .	5,402,000,000	fr.
Sous l'Empire, en 1810. . .	6,270,000,000	
Sous Louis XVIII, en 1820 .	7,862,000,000	
Sous Louis-Philippe, en 1830.	8,800,000,000	

M. Dupin estimait donc qu'en 1830 le revenu brut annuel de tous les citoyens, c'est-à-dire le revenu brut proprement dit, après défalcation des semences et des frais matériels de la production, s'élevait à huit milliards huit cents millions.

Mais d'après le tableau d'accroissement, de dix en dix ans, que donne M. Dupin, ce revenu brut de tous les citoyens serait aujourd'hui de neuf milliards, au *minimum*. Car si, de 1820 à 1830, l'accroissement a été de 938 millions, après avoir été dans la période décennale antérieure de plus d'un milliard et demi, et dans les trois autres périodes décennales antérieures de 644, de 747, et de 868 millions, il est impossible de supposer que de 1830 à 1840 il n'ait pas été au *minimum* de 500 millions, en admettant même une loi de décroissance. A ce compte, ce revenu serait aujourd'hui de neuf milliards 300 millions.

CHAPITRE XVI.

M. Ch. Dupin n'estime la masse générale des salaires qu'à cinq milliards.

Nous avons déjà dit que M. Dupin estime le revenu net à 3 milliards 800 millions, savoir : 1 milliard 900 millions provenant de la propriété foncière, et 1 milliard 900 millions provenant de la propriété industrielle ou mobilière. Or nous venons de voir qu'il estimait en 1830 le revenu brut annuel de tous les citoyens à 8 milliards 800 millions.

La différence entre 8 milliards 800 millions et 3 milliards 800 millions est cinq milliards.

Donc M. Dupin n'estimait en 1830 qu'à cinq milliards la masse générale des salaires.

C'est 225 millions de moins que nous ne l'avons estimée.

En supposant que, vu l'accroissement depuis 1830, M. Dupin estime aujourd'hui le revenu brut à neuf milliards, ou plus, l'augmentation ne porterait pas sur les salaires, mais sur le revenu net ; et M. Dupin serait obligé d'avouer que le revenu net est aujourd'hui accru de cette augmentation ; car il lui serait difficile de prouver que les salaires, incessamment réduits par la concurrence des ouvriers entre eux et des machines, aient augmenté dans la même proportion, ni même qu'ils aient augmenté.

En résumé donc, il résulte des données fournies par M. Dupin, que le revenu brut annuel de tous les citoyens est, au *minimum*, de neuf milliards, et que le revenu net des privilégiés est, au *minimum*, de trois milliards huit cent millions; mais il n'en résulte aucunement que les salaires excèdent en totalité cinq milliards.

CHAPITRE XVII.

Réponse à une objection.

Nous ne voulons pourtant rien dissimuler; car nous ne prétendons nous couvrir de l'autorité dont jouit M. Dupin qu'à bon droit et sans aucune feinte. Nous devons donc confesser que, probablement M. Dupin, bien que ses évaluations confirment les nôtres, ne poserait pas le chiffre du salaire en face de celui du revenu net précisément comme nous. En voici la raison.

Nous avons compris dans les salaires non seulement la classe des prolétaires agricoles inscrits sur les registres de l'impôt foncier pour des cotes de 5 francs en moyenne, mais encore tous les très petits propriétaires qui payent des cotes de 20 à 100 fr. La part de propriété foncière de ces prolétaires et de ces très petits propriétaires est, d'après les registres de contribution, d'environ 800 millions; ce qui est beaucoup en soi, mais ce qui est très peu relativement à chacun, puisque, vu leur nombre, la part de chacun en moyenne ne s'élève pas à 40 francs de revenu. Or, si M. Dupin avait à se prononcer sur ce qui revient, d'un côté aux 196,000 chefs de famille composant la grande et moyenne propriété, et de l'autre au reste de la nation, peut-être commencerait-il par déduire, des 3 milliards 800 millions du revenu net, ces 800 millions afférents aux prolétaires agricoles et aux très petits propriétaires fonciers, parcequ'en effet ce sont eux qui directement les perçoivent. Ces 800 millions se trouveraient ainsi ajoutés aux cinq milliards que M. Dupin donne aux salaires; et voici, en définitive, comme M. Dupin poserait le chiffre du salaire en face du chiffre du revenu net.

D'un côté, la moyenne et grande propriété, représentée par 196,000 chefs de famille, et s'élevant en totalité à moins d'un million d'individus, aurait 3 milliards de revenu net;

Tandis que le reste de la nation aurait, tant en salaires qu'en revenu foncier, 5 milliards 800 millions.

Mais si M. Dupin raisonnait ainsi, ou plutôt si quelqu'un raisonnait ainsi d'après les évaluations données par M. Dupin, il tomberait dans une grande erreur.

En effet, pour qu'il en fût ainsi, il faudrait que les 196,000 propriétaires, grands et moyens, et leurs familles, vécussent comme vivait autrefois la haute noblesse ou le clergé, sans aucune fonction agricole, mercantile, ou industrielle. Alors on pourrait les borner à leur revenu net; et de ce que la part de propriété foncière afférente aux prolétaires agricoles et aux très petits propriétaires est de 800 millions, on pourrait conclure que cette somme vient s'ajouter à la somme des salaires, évalués par M. Dupin à cinq milliards. Mais comme il n'en est pas ainsi, et que ces 196,000 propriétaires se livrent à l'agriculture, au commerce, à l'industrie, à l'usure, à la banque, et à toutes les sources de lucre imaginables, on ne peut nullement conclure que les 800 millions afférents aux prolétaires agricoles et aux très petits propriétaires viennent s'ajouter intégralement à la masse des salaires.

La méthode que nous avons suivie est la seule véritable. Nous avons appelé classes salariées toutes les classes qui ne participent pas au revenu net, et nous avons évalué directement leur subsistance. Il n'y a donc pas lieu d'ajouter au chiffre obtenu la part de propriété foncière afférente à ces classes. Cette part est comprise dans leurs salaires, fait partie de leurs salaires, en entendant par salaires le chiffre total de leur subsistance.

Il est bien vrai qu'on calcule le revenu net par la considération de la propriété foncière. Mais qu'importe ce calcul? Et de ce qu'un homme participe à cette propriété, s'ensuit-il qu'il participe au revenu net de cette propriété? Quand M. Dupin évalue à 3 milliards 800 millions le revenu net, c'est le revenu net général de la France qu'il évalue ainsi, sans considération d'individus. Et de même, quand M. Dupin évalue à 8 milliards 800 millions le revenu annuel de tous les citoyens, c'est le revenu brut général de la France qu'il évalue à cette somme. La différence comprend donc la subsistance de tout ce qui est salarié. Mais un prolétaire agricole inscrit sur les registres de l'impôt foncier n'en est pas moins un salarié, pour être ainsi inscrit parmi les propriétaires; et un petit propriétaire, doté d'une propriété insuffisante à sa subsistance, n'en est pas moins un salarié aussi, bien qu'il se salarie lui-même pour cette portion insuffisante de sa subsistance. Cette propriété même suffirait à sa subsistance, qu'il n'aurait, comme nous l'avons déjà fait remarquer, aucune part au revenu net.

Ce serait donc une très fausse méthode que de prendre les évaluations de M. Dupin pour en conclure qu'il faut ajouter, aux cinq milliards de salaires déterminés par lui, les 800 millions de propriété foncière afférents aux classes salariées. La vraie conclusion à tirer, au contraire, de ces évaluations, c'est que si

M. Dupin évalue à 3 milliards 800 millions le revenu net, cette masse passe tout entière et sans diminution dans la classe qui jouit réellement du revenu net, et à laquelle ce revenu net vient aboutir par une loi de la production aussi nécessaire que la chute des graves dans le monde physique.

CHAPITRE XVIII.

Définition de la France, qui complète celle que nous avons donnée précédemment (1).

La France peut donc se définir ainsi :

Moins d'un million d'individus, hommes, femmes, enfants, représentés par 196,000 chefs de famille, forment une vaste maison de commerce possédant un capital qu'on ne saurait estimer, et qui a pour nom la FRANCE. Cette maison met annuellement en activité trente-quatre millions d'employés et d'ouvriers, hommes, femmes, enfants. Le fruit de ses opérations est de rapporter au *minimum* neuf milliards de revenu brut, déduction faite des semences et autres frais matériels d'entretien de son outillage général. Elle paye ses salaires un peu plus de cinq milliards. Il lui reste en bénéfice, ou en revenu net, trois milliards huit cents millions.

---

(1) Voyez le chap. II de cette Partie.

CHAPITRE XIX.

Opération du budget.

Mais ce n'est pas tout.

Après cette grande opération économique, la même maison de commerce, composée de moins d'un million d'individus représentés par 196,000 chefs de famille, fait une autre opération à la fois politique et économique. Confondant fictivement son revenu net avec le salaire de ses trente-quatre millions d'employés et d'ouvriers, elle règle, en qualité de législateur, ce qu'on appelle l'impôt. Or voici comment elle le règle.

Elle impose d'abord le sol et les maisons; et cet impôt, appelé contribution directe foncière, rapporte fr. 271,036,940

Elle impose la place que chaque famille occupe dans ces maisons, et cette seconde classe d'impôt direct, sous le titre de contribution personnelle et mobilière, rapporte 56,562,660

Elle impose l'air qu'on respire dans ces maisons, et cette troisième classe d'impôt direct, sous le titre de portes et fenêtres, produit . . 31,778,604

Elle impose les professions diverses sous le nom de patentes, et cette quatrième classe d'impôt direct rapporte 46,069,130

Elle met à la charge des contribuables les frais de premier avertissement, et cette taxe rapporte 702,034

De là, passant à des impôts d'une autre nature, elle impose, sous le nom de contribution indirecte, les vins et vendanges, alcools, eaux-de-vie, cidres, hydromels, bières, etc.; et après les avoir imposés, elle les réimpose sous le titre de droit de licence des débitants de ces boissons; et cet impôt rapporte. 97,727,000

Elle impose, toujours sous le même nom de contribution indirecte, les voitures publiques, la navigation des fleuves, rivières et canaux; elle impose les bacs, les ponts, la pêche maritime; elle met une taxe sur les cartes à jouer; et ces impôts réunis, rapportent 33,720,000

Elle impose le sel, et cet impôt rapporte. 64,900,000

Elle impose le sucre, et cet impôt rapporte	7,425,000
Elle impose le tabac et la poudre à feu, en les monopolisant, et cet impôt rapporte.	105,500,000
Elle impose, à l'entrée en France, les matières nécessaires à l'industrie et les objets de consommation naturels ou fabriqués; et cet impôt, appelé douanes, rapporte	136,000,000
Elle soumet à une formalité appelée enregistrement des actes de toute nature, sous seing-privé, notariés, judiciaires, administratifs; et cet impôt rapporte	188,653,000
Elle impose, sous le nom de timbre, les transactions entre les citoyens, et l'émission de la pensée dans les journaux; et cet impôt rapporte.	34,593,000
Elle impose les lettres, en se chargeant, sous le nom de postes, de leur transmission; et cet impôt rapporte. . . .	48,509,000
Elle impose des amendes judiciaires aux délinquants, en matière criminelle, correctionnelle, et de police; et	

cet impôt rapporte	3,500,000
Enfin, elle met les frais de justice à la charge de ceux qui les occasionnent; et ce recouvrement des frais de justice, tant pour les procès criminels, correctionnels, et autres, que pour les délits forestiers et de pêche, rapporte.	2,530,000
Elle prélève ainsi sur le salaire de ses ouvriers et employés; et sur son propre revenu, indistinctement, une masse d'impôts montant en totalité à fr.	1,129,207,000*

* Le surplus des recettes du budget est comblé par des recettes qui ne sont pas un impôt. En voici le détail pour cette année :

Produits des forêts, etc.	34,362,000
Divers domaines et propriétés. . .	8,320,000
Rétributions universitaires. . . .	3,554,000
Recettes des colonies.	5,994,000
Produits et revenus de l'Algérie.	2,440,000
Bénéfices sur la fabrication des monnaies et médailles.	70,000
Divers revenus et produits ordinaires et accidentels, tels que redevances des mines, bénéfice de la caisse des dépôts et consignations, etc.	25,150,000
Portion de l'emprunt destiné à couvrir les dépenses des travaux publics extraordinaires.	75,000,000
TOTAL.	154,890,000
Impôt.	1,129,207,000
Recettes du budget de 1843. . . .	1,284,097,000

Or, si l'on veut bien examiner la nature, ou, comme on dit ordinairement, l'assiette de ces impôts, on verra qu'à l'exception de la contribution foncière, ils portent indistinctement et égalitairement sur les *hommes de salaire* comme sur les *hommes de revenu net*; par tête, par conséquent, et non en proportion de la fortune (1). En effet, n'est-il pas évident

---

(1) Et pourtant la Charte déclare solennellement, dans son deuxième article, que les citoyens « contribuent indistinctement, *dans la proportion de leur fortune*, aux charges de l'Etat. » Eugène Buret a remarqué cette contradiction: « Sous l'empire de la Charte, dit-il, de cette Charte qui déclare que les citoyens indistinctement contribuent, *en proportion de leur fortune*, aux charges publiques, la majorité des impôts frappe tous les citoyens, pauvres et riches, d'une capitation qui effleure à peine les seconds et écrase les premiers. La famille la plus pauvre paye au fisc une somme aussi forte, plus forte peut-être, que la famille d'un rentier assez riche pour vivre dans un loisir absolu. La consommation indispensable du pauvre est frappée d'un impôt aussi élevé que celle du riche. Que dis-je! l'impôt s'adresse avec une prédilection toute spéciale aux substances particulièrement destinées à la consommation du pauvre. Nous demandons à tous les hommes de bon sens, à tous les hommes honnêtes, si la promesse de la Charte a été tenue, si tous les citoyens indistinctement contribuent, *en proportion de leur fortune*, aux charges de l'Etat. (*De la Misère*, etc., tom. II, p. 394.) »

Il est impossible que cette grande iniquité de l'impôt, réparti comme il l'est aujourd'hui, ne frappe pas bientôt tous les yeux. Nous regardons comme un heureux symptôme la remarque suivante, que nous empruntons au *Siècle* (numéro du 28 septembre 1842), mais qui a paru dans presque tous les journaux, au sujet des impôts somptuaires établis en Angleterre:

« A ceux qui demandaient que les impôts qui pèsent particulièrement sur les classes les plus pauvres, comme celui du

que ces impôts sont assis sur des objets de première nécessité, et affectent par conséquent la valeur de toutes les choses nécessaires à la vie? A part la contribution foncière et à quelques égards la contribution personnelle et mobilière, tout le reste, en frappant sur les *choses* et sur les *choses nécessaires*, atteint aussi bien le salaire que le revenu net. Si la famille du pauvre est nombreuse, elle aura besoin d'autant de fenêtres, ou du moins d'ouvertures, que celle du riche. Il est vrai, comme nous l'avons déjà remarqué, que le

---

» sel, fussent remplacés ou allégés par un impôt sur les objets » de luxe, on a souvent répondu qu'une taxe de ce genre serait improductive. Voici ce qu'en 1839 ont rapporté au trésor de l'Angleterre les objets suivants soumis dans ce pays » à une contribution :

» Domestiques mâles.	4,880,583 f.	75 c.
» Gardes-chasse.	7,658	»
» Carrosses à quatre roues. .	4,172,056	75
» Chevaux de carrosse. . . .	7,274,453	10
» Chevaux de course.	97,912	50
» Poudre à poudrer.	156,538	90
» Armoiries sur les voitures.	1,646,700	»
» Droit de chasse.	3,789,970	»
» Autorisation pour la vente du gibier.	41,250	»
» Impôt sur les chiens de luxe.	4,088,847	50
» Total du produit. . .	26,155,970	50

» Cet impôt est gradué avec une équité parfaite. Les chiens, » par exemple, sont imposés en raison du degré de leur inutilité. L'aveugle, le berger, le fermier, etc., ne payent rien » pour leur chien ; mais un *gentleman* paye 25 francs pour » un lévrier, 17 fr. 50 c. pour un chien de chasse, 10 pour » les autres chiens. Les meutes sont taxées 900 fr., de quelque » nombre de têtes qu'elles se composent. »

pauvre saura échapper jusqu'à un certain point à l'impôt sous ce rapport; mais ce n'est pas la faute de l'impôt: ceux qui l'avaient mis croyaient qu'on ne pouvait se passer d'air et de lumière. S'agit-il de patentes? Ce ne sont pas les hommes de revenu net qui les payent directement, ce sont les marchands, les fabricants; mais finalement ce sont les prolétaires qui les payent indirectement, au prorata de leur nombre. On a calculé que le prolétaire paye ainsi huit fois l'impôt sur le pain (1). En effet, le marchand de grains, le meunier, le marchand de farines en gros et en détail, le boulanger, chacun paye sa patente; nouvelle patente pour le fournier qui met le pain au four; mais le panetier lui même, le revendeur de pain, sans fonds ni boutique, est à son tour sujet au droit de patente. Le marchand d'œufs ou de chiffons en gros paye autant que le banquier, du moins à Paris. Le marchand d'allumettes, celui d'amadou, le décrotteur, sont patentés; et de plus ils le sont autant que le marchand de jouets d'enfant qui aura dans sa boutique pour cent mille francs d'objets de luxe. Le marchand de vieux chapeaux, le chiffonnier sous échoppe, le repasseur de couteaux, sont imposés comme le marchand à la toilette qui spécule sur les diamants. Dans une des classes de patentés, enfin, nous trouvons le *fabricant sans ouvriers, n'ayant ni bou-*

---

(1) *Du Pacte social*, tom. II.

tique, ni magasin. On le voit, rien n'échappe à l'impôt des patentes. Il en est de même des contributions indirectes : elles frappent sur tous indistinctement ; car elles sont assises, non sur les objets de luxe, mais sur les objets de première nécessité. N'est-il pas notoire que les ouvriers payent, par tête, une plus grande part de l'impôt sur les boissons que les riches? La plus mauvaise qualité de vin paye d'abord autant que la meilleure. Mais tandis que le riche n'a que cet impôt pour son vin, le pauvre en a trois ou quatre ; car il faut qu'il paye la patente et le droit de licence de tous les marchands et débitants qui falsifient sa boisson, et qui, par cette falsification criminelle, altèrent sa santé. Les autres impôts, sur le sel, le sucre, le tabac, frappent le salarié comme le riche. On ne peut pas dire non plus que les douanes, l'enregistrement, le timbre, et la poste, n'atteignent pas directement ou indirectement la valeur des produits qui importent le plus à la subsistance. Enfin, quant aux amendes judiciaires et aux frais de justice, c'est plutôt la masse des salariés qui les paye que le petit nombre des hommes de revenu net.

Qu'arrive-t-il donc quand la France, cette maison de commerce composée de moins d'un million d'actionnaires secondés par près de trente-quatre millions de salariés, a légiféré son budget? Il arrive que le salaire d'un côté et le revenu net de l'autre ont mis dans la bourse de l'Etat une certaine somme dont nous verrons tout-à-l'heure l'emploi ; mais voyons d'abord la part de contribution du salaire et la part du revenu net.

CHAPITRE XX.

Ce que les salaires payent d'impôt, et ce que le revenu net en paye.

Cette part de contribution du salaire, d'un côté, et du revenu net, de l'autre, est plus facile à distinguer qu'on ne l'imaginerait d'abord.

En effet, tous les impôts (la contribution foncière mise de côté) portent sur des objets de première nécessité, l'habitation, l'air, le pain, la viande, les boissons, le sel, le sucre; ou sur des choses dont le peuple a l'habitude aussi bien que les riches, comme le tabac et les cartes à jouer; ou sur les rouages essentiels de la production, comme l'impôt des patentes et l'impôt sur les voitures publiques, la navigation des fleuves, etc. Or, l'impôt étant ainsi dirigé, il est évident que les hommes de revenu net peuvent bien payer par tête au-delà de ce que payent les hommes de salaire, mais seulement dans une certaine limite. Car, comment consommer plus des choses de première nécessité que la nature ne le permet? Le plus riche des hommes ne peut consommer qu'une quantité limitée de pain, de vin, de sucre, de sel, de tabac, etc. Or, si la consommation était parfaitement égale entre tous, nous payerions pour ces choses de première nécessité, ou dont l'habitude a fait un besoin aux pauvres comme aux riches, un peu moins de 25 francs par tête d'impôt à l'Etat (1). Supposons donc que la consommation des riches soit, sur ces objets de première nécessité, non pas seulement double ou triple, mais quadruple. C'est plus que la raison ne permet d'admettre. Car il ne s'agit pas du quadruple de la portion du mendiant ou de l'ouvrier, mais du quadruple de la subsistance moyenne des trente-quatre millions composant les cinq premières classes que nous avons distinguées dans la nation. Les hommes de la sixième et de la septième classe payeraient donc, à ce compte, pour leur consommation en objets de première nécessité, 100 fr. par tête. Mais ces deux classes se composent de 980,000 individus. Ce serait donc pour la totalité de leurs membres 98 millions. Il est vrai qu'ils payent en outre la moitié de la contribution foncière,

---

(1) L'impôt total est, comme nous venons de le voir, de 1,130,000,000. Retranchant de cette somme la contribution foncière, qui est de 271,000,000, on obtient, pour l'impôt non foncier, pesant, sous toutes sortes de formes, sur les objets de première nécessité, et jamais sur les objets de luxe, 859,000,000 francs, nombre qui, divisé par le chiffre de la population, donne 24 fr. 60 c.

c'est-à-dire 135 millions (1). Ils figureraient donc dans l'impôt total pour 233 millions.

Qui paye le reste? les cinq autres classes. Or, l'impôt total étant de 1,130 millions, si vous ôtez 233 millions, il vous reste 897 millions.

Ces cinq classes composées de mendiants, d'indigents, de salariés sans aucun titre de propriété foncière, de prolétaires n'ayant que leur logement assuré, et enfin de très petits propriétaires à 128 francs de revenu foncier, payent donc au minimum 897 millions d'impôt, savoir :

135 millions de contribution foncière et 762 millions d'impôts indirects de toute nature.

CHAPITRE XXI.

Du milliard politique, et pourquoi il est à la disposition du revenu net.

Puisque ces cinq classes payent, au minimum, 897 millions d'impôts, tandis que les deux autres classes n'en payent, au maximum,

---

(1) Voyez dans la Première Partie, ch. VI, le tableau des rôles fonciers. Les huit millions de petites cotes à 5 fr. 95 c. en moyenne et les autres cotes au-dessous de 100 fr. payent ensemble la moitié de l'impôt foncier. Les 196,000 grands et moyens propriétaires payent l'autre moitié, parcequ'ils possèdent à eux seuls la moitié du sol et des maisons.

que 233 millions, il semble que ces cinq classes devraient avoir part à l'administration du milliard qu'elles payent presque à elles seules.

Il n'en est pourtant point ainsi. Ce sont les deux classes qui ne payent, au maximum, que 233 millions, qui ont seules l'administration du trésor national.

Voilà, certes, un fait bien étrange! Quoi! nous sommes trente-quatre millions, et vous n'êtes qu'un million; en outre, nous payons, pour former l'Etat, 897 millions, et vous n'en payez que 233 : et pourtant c'est vous qui êtes l'Etat, et nous, nous sommes hors de l'Etat; vous êtes dans la cité, et nous à la porte!

Le fait peut paraître prodigieux; mais il est certain : voyez la loi électorale. Cent quatre-vingt mille électeurs pour près de trente-cinq millions de Français. La loi électorale n'en donne pas davantage. Donc le fait est certain. Les contribuables pour 897 millions au milliard de l'Etat sont exclus intégralement de l'Etat; et ce n'est pas assez que les 196,000 chefs de famille du revenu net jouissent de la disposition économique de leurs trois milliards huit cents millions, ils disposent encore exclusivement du milliard politique prélevé sur les salaires. Etonnez-vous, mais reconnaissez que le fait est certain.

Tout certain qu'il est, il n'en est pas moins étrange. D'où l'Etat, je le demande, tire-t-il sa naissance? De ce milliard que fournit l'impôt. Otez ce milliard, l'Etat peut-il exister ? qui voudra être roi, ce milliard ôté ? qui voudra être ministre, je dirai même député, bien que les fonctions de député soient, comme chacun sait, gratuites, et ne rapportent rien ? qui voudra être ambassadeur ou préfet ? qui voudra commander l'armée, qui voudra juger, qui voudra faire la police ? Le milliard politique est le pivot de l'Etat, puisqu'il est le pivot des fonctionnaires. Eh bien, peuvent dire les classes populaires, c'est nous qui le payons, ce précieux milliard, moyennant lequel la France a des ministres, des juges, des guerriers, des professeurs et un roi. C'est nous qui le payons ; mais ce n'est pas nous qui l'administrons : pourquoi cette injustice !

A cela qu'ont à répondre les hommes du revenu net ?

Leur réponse est plus facile qu'on ne l'imagine.

Non, peuvent-ils dire au peuple, ce n'est pas vous qui payez ce milliard fondamental sur lequel s'élève l'édifice politique. Il est bien vrai que ce milliard est perçu presqu'en totalité sur vos salaires ; mais si l'impôt n'enlevait pas sur ces salaires les 897 millions par lesquels vous paraissez contribuer aux charges de l'Etat, nous diminuerions vos salaires de ces 897 millions, en vertu de la loi de la concurrence que vous vous faites les uns aux aux autres ; et par conséquent vous en seriez précisément au point où vous en êtes. Votre sort serait identiquement le même. La loi économique est invariable et forte comme le Destin.

Voilà, dis-je, ce que peuvent répondre les privilégiés du revenu net, et cette réponse est solide. Oui, avec la loi économique actuelle, le revenu net a droit à tout, est maître de tout. Il ne laisse au peuple que ce qu'il veut bien lui laisser; tout le reste est à lui, parce que tout est à lui. Si donc il ne laissait pas au peuple ces 897 millions que l'Etat pressure à titre d'impôt, et qu'il laisse dans le but que ces 897 millions serviront à payer cet impôt, le peuple verrait inévitablement ses salaires diminuer d'autant. Donc le peuple ne paye le milliard politique que nominalement, et par une sorte de fiction. En réalité, c'est le revenu net qui le paye; seulement le revenu net aime mieux que l'impôt soit perçu de cette façon.

Mais, à leur tour, les classes populaires, qui contribuent, au moins nominalement, pour 897 millions au milliard politique, auraient une réponse catégorique à faire aux hommes du revenu net. Cette réponse la voici :

Votre loi économique, qui donne tout au revenu net et rien à l'Humanité, est contraire à la volonté divine, au bon sens, à l'équité; nous demandons qu'elle soit changée.

CHAPITRE XXII.

Malthus et Godwin.

Il y a cinquante ans déjà (1) que cette loi économique, qui donne tout au revenu net et rien à l'Humanité, a été formulée par Malthus, dans un livre de bronze, en ces termes :

« Un homme qui naît dans un monde déjà » occupé, si sa famille n'a pas les moyens de » le nourrir, ou si les riches n'ont pas besoin » de son travail, cet homme, dis-je, n'a pas le » moindre droit à réclamer une portion quel- » conque de nourriture, et il est réellement de » trop sur la terre. Au grand banquet de la na- » ture, il n'y a point de couvert mis pour lui. » La nature lui commande de s'en aller, et » elle ne tardera pas à mettre elle-même cet » ordre à exécution (2).

Il est vrai que Godwin lui a répliqué :

« *Non, ce n'est point la loi de la nature,* » *ce n'est que la loi d'un état social très fac-* » *tice qui entasse sur une poignée d'individus*

---

(1) L'ouvrage de Malthus parut en 1798.

(1) *Essai sur la population.* On sait que Malthus a supprimé ce passage dans les dernières éditions de son ouvrage; mais cette pensée étant celle de tout son livre, il fallait laisser cette phrase ou rétracter le livre.

» *une si énorme surabondance, et leur pro-*
» *digue aveuglément les moyens de se livrer*
» *à toutes les folles dépenses, à toutes les*
» *jouissances du luxe et de la perversité,*
» *tandis que le corps du genre humain est*
» *condamné à languir dans le besoin ou à*
» *mourir d'inanition* (1). »

CHAPITRE XXIII.

Suite.

Nous sommes pour Godwin contre Malthus. Mais nous reconnaissons qu'avec la loi économique actuelle Malthus a raison.

Tout pour et par les hommes du revenu net: car tout dans le monde appartient, comme dit Malthus, à ceux par qui ce monde est occupé; et les pauvres n'existent qu'autant que les riches ont besoin de leur travail, comme dit encore Malthus.

(1) *Recherches sur la population.* Godwin, qui combattit Malthus, l'avait précédé dans la carrière de l'économie politique. Ce furent ses aspirations philanthropiques qui éveillèrent le génie de Malthus, et le portèrent à formuler la triste loi du fait social actuel. La postérité louera Malthus d'avoir contribué, par la perspicacité de son esprit, à la découverte de la vérité; mais elle glorifiera, elle bénira Godwin, dont les idées sont analogues à celles de la grande école française de Turgot, Condorcet, Saint-Simon.

C'est en vertu de cette loi économique que le milliard politique est devenu le privilége des hommes de revenu net, et que la France est aujourd'hui, ainsi que nous l'avons montré dans la Première Partie de cet écrit, une véritable *Ploutocratie.*

Autrefois il y avait des prêtres et des guerriers; puis il y avait des marchands, des amateurs de richesse gagnée par le négoce, l'usure, et toutes les sources du lucre. Au-dessous de tout cela, il y avait des pauvres, des serfs, des misérables. Mais, comme nous l'avons dit ailleurs, ces pauvres, ces serfs, ces misérables, avaient un ciel, un paradis en espérance, qui les reconfortait contre leurs souffrances sur la terre, et leur servait de compensation. Aujourd'hui il n'y a plus ces croyances spirituelles; les misérables ont perdu leur compensation. Le monde a bien changé. Où sont les guerriers? Je ne vois plus de nobles, je vois des riches. Je ne vois plus de clergé, d'ordres monastiques, d'Eglise; je vois des riches. Qui gouvernait l'Etat jadis? Les nobles et les prêtres. Qui le gouverne aujourd'hui? Les riches. Nous vivons donc dans une *Ploutocratie.*

Les sophistes aux gages des riches ont inventé un étrange euphémisme pour désigner ce genre de gouvernement. Ils l'appellent le gouvernement des *hommes de loisir*; et c'est sur cette qualité d'avoir du *loisir* qu'ils fondent le droit actuel des Ploutocrates, leurs maîtres.

Le loisir! voilà une belle raison! En vérité

ces sophistes n'ont pas de perspicacité, ou du moins ils en mettent bien peu à gagner l'argent qu'on leur donne. Il s'agit bien de loisir, il s'agit de droit. Aussi voyez à quelle réponse ils sont exposés. On leur a dit : S'il ne s'agit que de loisir, payez les députés ; toutes les autres fonctions ne sont-elles pas salariées ! pourquoi celle de député ne le serait-elle pas ? Le roi lui-même n'est-il pas salarié, puisqu'il touche douze millions de liste civile ; cela détruit-il la majesté royale ? Les princes apanagés par l'Etat ne sont-ils pas salariés ? les ministres et les fonctionnaires publics de tous genres ne le sont-ils pas ? Faites de même pour les députés ; et alors chacun pourra apporter ses lumières au gouvernement de la nation.

Les sophistes qui ont mis en avant cette raison futile, qu'il faut du *loisir* pour s'occuper des affaires publiques, n'ont su que répondre. Mais s'ils avaient mis le droit en avant, le droit que la loi économique actuelle confère au revenu net, on n'avait rien à leur dire, excepté toutefois ce que nous avons déjà dit, à savoir qu'il faut changer, par la politique même, cette loi économique, qu'il faut arracher la direction politique de la société à l'égoïsme étroit des hommes de revenu net, et que si ces hommes ont un droit économique absolu, c'est précisément un motif pour leur enlever le droit politique absolu dont ils jouissent aujourd'hui, afin d'arrêter l'influence dévorante de leur droit économique. Alors la question eût été posée sur un terrain solide.

Mais laissons ce sujet. Ce qui est certain, c'est que le milliard prélevé pour la plus grande partie sur les salaires est à la disposition des hommes de revenu net.

Or, par curiosité, voyons ce qu'ils en font.

CHAPITRE XXIV.

Emploi du milliard politique.

Voici l'emploi que le revenu net fait du milliard perçu presque en totalité sur les salaires :

1° Dotations :

Dotation du roi, désignée sous le nom de liste civile; et celle du prince héréditaire...	14,000,000	15,992,000
Dépenses de la Chambre des Pairs, de celle des Députés.	1,464,000	
Supplément de dotation à la Légion-d'Honneur.	528.000	

2e Ministère de la Justice et des Cultes :

Justice.

61	Conseillers d'État.	
57	Magistrats de la Cour de cassation (les conseillers à 15,000 francs).	
811	Premiers présidents, présisidents, et conseillers des Cours royales (de 3,000 à 24,000 francs).	
157	Procureurs-généraux, avocats-généraux et substituts.	20,394,000
2,504	Autres magistrats pour les tribunaux de 1re instance.	
2,846	Juges de paix.	
1,026	Commis greffiers.	
220	Juges de commerce.	
101	Employés de l'administration centrale (319,000 fr.).	
7,783		

Cultes.

15	Archevêques (de 15,000 à 25,000 fr.).	
65	Évêques (10,000 fr.).	
36,014	Vicaires généraux (à 2,000 fr.), curés (de 1,200 fr. à 1,500 fr.), desservants et autres ecclésiastiques (de 800 fr. à 1,000 fr.).	37,316,000
3,000	Séminaristes.	
661	Ministres protestants (de 1,200 fr. à 3,000 fr.).	
103	Rabbins (de 300 f. à 3,000)	
52	Employés (166,000 fr.)	
3 9,910		

3° Ministère de l'Instruction publique :

129	Employés du ministère (292,000 fr.)	
8	Conseillers de l'Université (à 10,000 fr.)	
12	Inspecteurs-généraux (à 12,000 fr. y compris les frais de tournée.)	
26	Recteurs d'Académie (de 6,000 à 7,200).	
61	Inspecteurs d'académie (de 3,000 à 4,000 fr.)	
200	Inspecteurs et sous-inspecteurs des écoles primaires (de 1,200 à 3,000 fr.).	
26	Secrétaires d'Académies.	16,503,000
353	professeurs de facultés (de 3,000 fr. à 7,000 fr.).	
1,000	Prof. des 48 Colléges royaux.	
215	membres de l'Institut (à 15,000 fr.).	
93	Bibliothécaires et employés des bibliothèques publiques (de 1,000 à 6,000 fr.).	
27	Professeurs du Collége de France (à 5,000 fr.).	
15	Professeurs du Muséum (à 5,000 fr.)	
13	Membres du Bureau des longitudes (à 4,000 et 5,000f)	
15	Professeurs et répétiteurs de l'Ecole normale.	
2,193		

4° Ministère des Affaires Étrangères :

12	Ambassadeurs (de 50,000 fr. à 300,000 fr.	8,370,000
21	Ministres plénipotentiaires (de 25,000 f. à 100,000 f.)	
50	Autres agents diplomatiques (de 3,000 fr. à 10,000 fr.)	
166	Consuls, drogmans, etc. (de 8,000 fr. à 40,000 fr.).	
73	Employés (360,000 fr.).	
322		

5° Ministère de l'Intérieur :

Dépenses secrètes, 2,000,000 f. — Télégraphes 1,060,000 f. — Beaux-Arts, 1,800,000 f. — Personnel de l'administration des départements. — Préfets, 5,163,000 f. — Sous-Préfets, 2,065,000 f. — Conseillers de Préfectures, 483,200 f. — Divers commissaires de police, 100,000 f. — 234 employés de l'administration centrale (632,000 f.). Subvention à divers établissements, entretien des maisons centrales de force et de correction, transport des condamnés, etc.	97,760,000

6° Ministère de l'Agriculture et du Commerce :

129 employés (381,000 f.). Entretien des haras, des écoles des arts et métiers, des établissements thermaux, encouragements à l'agriculture, etc.	13,657,000

7° Ministère des finances :

Environ 70,000 agents, employés soit à l'administration générale du trésor, soit aux frais de régie, de perception et d'exploitation des impôts et revenus.	160,347,000

8° Ministère de la Guerre :

10 Maréchaux (à 30,000 fr.).		295,910,000
74 Lieutenants généraux.		
135 Maréchaux de camp.		
1,730 Colonels.		
234 Intendants.		
211 Officiers généraux en disponibilité ou réserve.		
2,394 Officiers de tous grades, composant l'état-major de l'armée.		
420 Employés de l'administration centrale (1,800,000 fr.)		
Gendarmerie. . . .	15,622 h.	
Infanterie	240,453	
Cavalerie.	58,294	
Artillerie.	29,624	
Génie.	8,509	
Equipages militaires	6,593	
Vétérans.	4,956	
Corps étrangers en Algérie	4,334	
Sous-officiers hors rang.	1,525	
Agents administratifs en Algérie. .	1,696	
	341,606	

9° Ministère de la Marine :

28,230 Officiers et matelots.		
16,178 infanterie de marine.		
4,124 Artillerie.	}	94,323,000
48,532		
201 Empl. du Minist. (663,000f)		

10° Ministère des Travaux publics :

655 Inspect. ou ingén. des ponts et chaussées (3 millions.)		
155 Inspecteurs de la navigation et maîtres de ports.		
650 Conducteurs des travaux.	}	53,411,000
80 Ingénieurs des mines.		
121 Employés (428,000 fr.).		
1,661		

11° Intérêt de la dette publique :

Dette perpétuelle. .	214,475,067	
Amortissement. . .	46,526,683	
Rentes viagères. . .	3,200,000	
Emprunt de canaux.	10,445,800	
Intérêts des cautionnements.	9,400,000	360,428,000
Dette flottante. . .	15,000,000	
Pensions diverses de la pairie, de l'ancienne liste civile, militaires, ecclésiastiques, etc. . .	62,312.500	
Total.		1,173,811,000 *

(1) Le surplus de la dépense du budget pour 1843 se com-

CHAPITRE XXV.

De la distribution du budget entre le salaire et le revenu net.

Examinons en peu de mots ces divers articles de la distribution du budget, pour voir ce qui peut en revenir financièrement aux classes salariées d'une part, et d'autre part aux 196 mille parties prenantes du revenu net.

Ce n'est pas, certes, que nous voulions faire usage de cette considération pour modifier nos précédents calculs ; car nous n'oublions pas que c'est sous la loi du budget que nous avons évalué le salaire et le revenu net. Si le salaire est de 5 milliards 225 millions et le revenu net de 3 milliards 800 millions, c'est grâce, en partie, à l'actuelle répartition du milliard politique. Quelle que soit donc la somme que les hommes du revenu net prélèvent, pour leur part, sur ce budget, nous convenons d'avance que le total du revenu net n'en doit pas être

---

pose de remboursements aux communes et de non-valeurs pour. 62,742,000

et de travaux publics extraordinaires	Ponts-et-chaussées	34,820,000
	Guerre . .	35,740,000
	Marine . .	4,440,000
		137,742,000

augmenté. Mais toutefois, comme ce budget, s'il était autrement réparti, changerait la proportion entre le salaire et le revenu net, voyons comment sa répartition actuelle contribue à établir cette proportion ou, pour parler plus exactement, cette si énorme disproportion.

Le premier chapitre est celui des dotations. La dotation du roi et celle du prince héréditaire ne retournent pas directement aux classes salariées, non plus que le budget de la Chambre des Pairs et de la Chambre des Députés. Mais le supplément de dotation à la Légion-d'Honneur peut être considéré comme revenant au salaire, puisque la pension de 250 francs par légionnaire n'est payée qu'à des sous-officiers et soldats.

Le budget du ministère de la justice se divise également entre le salaire et le revenu net. Car sur les sept à huit mille magistrats ou fonctionnaires que ce budget est employé à solder, il y en a bien mille (conseillers d'État, maîtres des requêtes, présidents et conseillers de la cour de cassation, présidents et procureurs-généraux des cours royales, etc.) qui appartiennent au corps électoral. Or, à cause de l'inégalité des traitements, si minimes pour les simples juges et surtout pour les juges de première instance, ces mille comptent au budget comme les six ou sept mille autres.

Le budget des cultes, employé à solder 36 mille prêtres catholiques, 700 ministres protestants, et 100 rabbins, peut être considéré presque en totalité comme affecté aux classes salariées. Il n'y a d'exception que pour les hauts fonctionnaires ecclésiastiques, qui, à la vérité, jouent, dans la politique et jusque dans les élections, un rôle assez considérable, pour qu'on puisse regarder leurs traitements comme retournant au revenu net.

Quant au budget des affaires étrangères, employé à solder des ambassadeurs de 50,000 à 300,000 francs de traitements, des ministres plénipotentiaires de 25,000 francs à 100,000 francs, et d'autres agents diplomatiques appartenant presque tous aux familles de revenu net, ce budget retourne presque en totalité à ce revenu.

Le budget de l'instruction publique, sauf les fonds consacrés à l'instruction primaire, est également un apanage du revenu net. Ses fonctionnaires supérieurs, à 6,000, 10,000 et 20,000 francs de traitements, appartiennent directement au corps électoral. En outre ce budget est employé à ce que l'on nomme l'éducation secondaire! Or qui profite de cette éducation? ceux qui peuvent payer l'excédant laissé à la charge des familles. Mais combien y en a-t-il? annuellement 55,000 enfants sur toute la masse de la nation. Il n'y a donc évidemment de ce budget que les fonds imposés aux communes pour l'entretien des écoles primaires que l'on puisse considérer comme retournant au salaire.

Le budget du ministère de l'intérieur paye 2

millions de dépenses secrètes, 1 million et demi pour le télégraphe, 1,800,000 fr. de subvention à ce qu'on appelle les beaux-arts. Puis viennent les traitements de ses fonctionnaires. Les préfets et sous-préfets employent à eux seuls près de 8 millions. Tout cela passe plutôt du côté du revenu net que du côté des classes salariées. Nous supposerons que les fonds dits départementaux retournent en totalité à ces classes, sous des formes, à la vérité, assez hideuses, telles que prisons, bâtiments des hospices, entretien des aliénés, secours dans les cas de grêle, d'incendie, d'inondations, etc.

Quant au budget de l'agriculture et du commerce, fort minime en lui-même et consacré aux haras, aux établissement thermaux, aux écoles d'arts et métiers, etc., nous supposerons qu'il se distribue également entre le salaire et le revenu net.

Le budget des travaux publics a cela de particulier qu'il ne se borne pas à payer des fonctionnaires. L'ensemble des traitements et frais divers ne forme pas le dixième de la dépense; la main-d'œuvre des agents inférieurs n'est probablement pas la moitié de ce qui reste. Les travaux de ce ministère se résolvent en objets matériels, en routes, en ponts. A qui profitent ces routes, ces ponts? Nous supposerons que le revenu net et le salaire en profitent fianciètrement par égale portion.

Le budget du ministère de la guerre entretient 340,000 soldats, sous-officiers, et officiers jusqu'au grade de colonel, et 2,400 officiers depuis ce grade jusqu'à celui de maréchal. Une partie de cet état-major appartient directement au corps électoral. En outre l'énorme manutention de fonds pour l'entretien de l'armée donne lieu, comme chacun sait, à des spéculations industrielles et commerciales. Sans parler des graves abus dont plusieurs procès n'ont révélé qu'un faible partie (Casimir Perrier appelait ce ministère *les écuries d'Augias*), nous pouvons bien supposer que, soit par les traitements des membres du corps électoral fonctionnaires de ce ministère, soit par les spéculations des munitionnaires, vingt millions sur près de trois cents passent légitimement ou illégitimement au revenu net.

Nous supposerons, pour le ministère de la marine, que son budget est presque tout entier réparti dans les salaires.

Enfin quant au ministère du trésor public et des finances, la distinction s'établit assez aisément. La Cour des comptes que ce ministère a dans ces attributions, et tous les hauts fonctionnaires du trésor et des finances (payeurs, receveurs généraux, receveurs particuliers, directeurs des monnaies, des contributions directes, du cadastre, de l'enregistrement, gardes généraux des forêts, directeurs des douanes, des contributions indirectes, des tabacs, des postes), font, à peu d'exceptions près, partie du corps électoral. Leurs traitements fixes, préciputs, taxations, bonifications, frais de bureau, etc., montent à une somme de trente à quarante millions, y compris l'intérêt des fonds que quelques-uns de ces agents supérieurs avancent au Trésor. Le surplus est consacré au salaire de l'armée de douaniers, de gardes des forêts, d'employés des postes, de courriers, de facteurs, etc., montant à soixante mille environ. Nous supposerons que, de ce budget de 160 millions, 25 seulement passent au revenu net.

Mais il reste la rente de la dette publique. A qui passe-t-elle ? Evidemment pour la majeure partie dans le revenu net. Qu'on jette les yeux sur le tableau de cette dette (1). Nous supposerons toutefois que les trois quarts des pensions militaires, civiles, ecclésiastiques, se rapportent aux classes salariées, et qu'un cinquième de la dette perpétuelle s'y rapporte également.

Telle serait donc, d'après ces supputations, la distribution du budget entre les cinq classes que nous appelons salariées, d'une part, et les deux classes participant au revenu net, de l'autre :

---

(1) Voy. précédemment, pag. 248.

Budget.

Ce qui des dépenses du Budget ne va pas au revenu net.		Ce qui des dépenses du Budget va au revenu net.
»	Liste civile et dotation du prince héréditaire. . . .	14,000,000
»	Dépense des deux Chambres. .	1,464,000
528,000	Supplément de dotation à la Légion d'Honneur. . . .	»
10,197,000	Budget du ministère de la Justice.	10,197,000
36,316,000	Budget des Cultes.	1,000,000
370,000	Budget des Affaires étrangères.	8,000,000
7,879,000	Budget de l'instruction publique.	8,624,000
74,000,000	Budget du ministère de l'Intérieur.	23,760,000
6,528,500	Budget du ministère du Commerce.	6,528,500
26,705,500	Budget du ministère des Travaux publics.	26,705,500
275,910,000	Budget du ministère de la Guerre.	20,000,000
93,323,000	Budget de la marine. . . .	1,000,000
135,347,000	Budget des Finances. . . .	25,000,000
80,000,000	Dette publique.	280,428,000
747,104,000		426,707,000

On voit que si les deux classes du revenu net payent 233 millons d'impôts, elles savent bien se récupérer, et au double, par la distribution qu'elles se font des hautes fonctions de l'Etat, et par le traitement qu'elles y attachent. L'impôt, réparti comme il est, n'a donc aucune influence pour diminuer la part que le revenu net tire des phénomènes économiques de la production.

On voit également, en considérant le budget d'une façon abstraite, que si le peuple reçoit en salaire, par l'armée, la marine, les travaux publics, et d'autres labeurs pénibles, une somme de 750 millions environ, cette somme est encore inférieure de beaucoup à celle qu'il paye, puisque celle-ci est au minimum de 897 millions.

Mais il y a, en outre, une remarque importante à faire. Ces 750 millions environ que le peuple paraît recevoir du budget se réduisent, en réalité, à trois ou quatre cents millions de salaire proprement dit, ou de subsistance. Car il y a une portion considérable de ces 750 millions employée en objets matériels. Par exemple, les 276 millions du ministère de la guerre sont, en grande partie, consommés improductivement en entretien de cavalerie, entretien des arsenaux, armes, poudre, etc. Il en est de même du budget de la marine. Il en est encore ainsi pour les travaux publics. Les cinq classes salariées, composant l'immense majorité de la nation (trente-trois millions et demi, au *minimum*, sur trente-quatre millions et demi) payent donc au budget le double de ce qu'elles reçoivent de ce budget, tandis que les deux classes du revenu net, les grands et moyens propriétaires (un million au *maximum*, représentés par deux cent mille chefs de famille) reçoivent du budget le double de ce qu'elles payent à l'Etat par l'impôt.

La curiosité que nous avons eue de considérer un moment la répartition actuelle du budget n'est donc pas sans utilité, quoique cette répartition ne doive pas, nous le répétons, modifier les chiffres obtenus précédemment pour le salaire et pour le revenu net.

CHAPITRE XXVI.

Résumé de cette Seconde Partie.

On peut dire des impôts ce qu'Esope disait de la langue : Il n'y a rien de si excellent ou de si détestable; c'est l'emploi qui en décide.

Les Ploutocrates du revenu net ont à leur disposition, par l'impôt, un milliard et demi, et plus encore; car le budget, ce n'est pas tout l'impôt, il s'en faut de reste (1). Que n'en

(1) Une foule d'impôts restent en dehors de ceux qui constituent le budget : ce sont les droits d'octroi perçus à l'entrée des villes, et dont le budget n'a que le dixième; les taxes locales de pesage, mesurage, jaugeage, et pavage; les droits de grande et petite voierie, de vente dans les halles et marchés, et de stationnement sur une voie publique quelconque; les frais de mariage et enterrement; le dixième des billets d'entrée dans les spectacles et concerts, et le quart de la recette brute dans les autres lieux de réunion et de fête, y compris

font-ils usage pour remédier aux maux de la nation?

Et si ce milliard et demi ne suffit qu'aux dépenses indispensables de l'Etat, que n'en lèvent-ils deux, c'est-à-dire que ne s'ôtent-ils à eux-mêmes une part de leur revenu net, remplaçant ainsi l'emploi privé qu'ils en font aujourd'hui par un emploi public noble, généreux, véritablement profitable, et qui les couvrirait de gloire?

Que de belles choses ils pourraient faire avec l'impôt! Que de belles choses les hommes d'Etat de l'ancienne monarchie ont su faire avec l'argent!

Ainsi Louis XI, ainsi Richelieu employaient les impôts à détruire les tyrannies féodales et à réaliser l'unité de la France. Ainsi le grand Sully voulait de riches finances pour faire prospérer l'agriculture. Ainsi Colbert exigeait impérieusement de l'argent pour créer l'industrie.

On admire les impôts, quand on les voit dans les mains de tels hommes. Chaque écu enlevé à l'égoïsme des intérêts individuels produit, sous de tels semeurs, si je puis ainsi parler, des moissons de richesses pour le peuple en général ou pour sa postérité; et c'est alors qu'il est vrai de dire, avec un ministre de

---

les guinguettes (impôt attribué aux hôpitaux); les corvées en nature pour chemins vicinaux; les salaires des conservateurs des hypothèques qui ne figurent pas dans les budgets, etc., etc.

notre temps (1), que l'impôt est pour une nation le meilleur des placements. Oui, des impôts dans des vues d'avenir, rien de plus respectable. Mais des finances sans but, des impôts sans idées, c'est un déplorable abus de la bonté divine et de la patience des peuples.

Malheureusement il résulte aujourd'hui, de l'envahissement des fonctions politiques par la richesse, une épouvantable confusion, qui met la politique au service de la richesse.

Plus tard, en traitant de la production, de ce qu'elle est, de ce qu'elle devrait être, je dirai comment on pourrait, par l'impôt et sa répartition, remédier à bien des malheurs publics, et résoudre pacifiquement le problème aujourd'hui posé de la propriété. Mais il est temps de clore et de résumer cette Seconde Partie.

Ce résumé est facile à faire.

J'ai prouvé, dans cette Seconde Partie, que la France produit au minimum, par le travail et l'association de tous ses citoyens, neuf milliards de revenu.

Que sur ces neuf milliards, il y en a, au minimum, trois milliards huit cents millions, formant le revenu net de la France, qui sont concentrés dans les mains d'un groupe de deux cent mille propriétaires.

Reste donc à la nation tout entière, moins ces deux cent mille propriétaires et leurs fa-

(1) M. de Rémusat.

milles, cinq milliards 225 millions, au maximum.

En outre, les propriétaires du revenu net, ayant exclusivement le privilége politique, disposent à leur guise, et suivant leurs idées, de plus d'un milliard et demi d'impôts prélevés pour la majeure partie sur les salaires.

Ce cumul de la richesse et de la politique constitue l'espèce de gouvernement que nous avons nommée Ploutocratie.

Les Ploutocrates font le budget et gouvernent l'Etat, non pour l'Etat lui-même, mais pour les Ploutocrates.

La loi politique est subordonnée par eux à la loi économique.

Ils trouvent excellente la loi politique ainsi faite, n'y veulent apporter et ne souffrent qu'on y apporte aucune modification, et ils appellent cela *conserver*.

Conserver quoi ?

Conserver la loi économique qui donne à moins d'un million de Français, sur trente-quatre millions et demi, tout le revenu net de la France, acccru d'un milliard prélévé sur les salaires, et montant, avec cette adjonction, à quatre milliards six cents millions, au minimum, c'est-à-dire à la moitié du revenu brut de tous les citoyens.

Si l'on doit conserver éternellement un tel état de choses, je propose à la nation de remplacer le culte du prolétaire Jésus par le culte du Dieu Plutus.

Mais si l'on doit conserver éternellement un tel état de choses, il faut bien qu'on sache où il mène. Le passé est, à cet égard, un gage assuré de l'avenir.

En 1790 l'Assemblée Constituante nomma un comité chargé de s'enquérir de la situation des classes indigentes et souffrantes. Ce comité se livra pendant plusieurs mois aux travaux les plus sérieux. Une enquête fut faite dans tout le royaume. La Rochefoucauld-Liancourt fut nommé rapporteur. Nous avons son rapport. Ce rapport élève la population indigente, dans les villes et dans les campagnes, à trois millions.

Aujourd'hui nous avons huit millions de pauvres, savoir quatre millions d'indigents dans la population urbaine, et quatre millions de mendiants dans la population agricole.

Voilà donc notre progrès depuis cinquante ans. La population a augmenté, il est vrai, de neuf millions; mais sur ces neuf millions d'accroissement de population, il y a cinq millions de misérables.

FIN.

TABLE DES MATIÈRES.

—

Seconde Partie.

DU REVENU NET DE LA FRANCE ET DE SES DISPENSATEURS ACTUELS.

IMPRIMERIE DE PIERRE LEROUX, A BOUSSAC.

www.ingramcontent.com/pod-product-compliance
Ingram Content Group UK Ltd.
Pitfield, Milton Keynes, MK11 3LW, UK
UKHW020133130726
13696UKWH00001B/337